Winter & Wave

パーソナルカラー

骨格診断

ウェーブ
似合わせBOOK

ビューティーカラーアナリスト®

海保麻里子
Mariko Kaiho

sanctuarybooks

Prologue

　いつでも、どこでも、いくつになっても、心地いい自分でいたい。
　日々身につける服も、メイクやヘアスタイルも、自分の心と体によくなじむものだけを選んで、毎日を気分よく過ごしたい。

　でも、私に似合うものってなんだろう?
　世の中にあふれる服やコスメのなかから、どうやって選べばいいんだろう?

　そんな思いを抱えている方に向けて、この本をつくりました。

　自分に似合うものを知る近道。それは、自分自身をもっとよく知ること。
　もともともっている特徴や魅力を知り、それらを最大限にいかす方法を知ることが、とても大切になります。

　そこで役立つのが、「パーソナルカラー」と「骨格診断」。
　パーソナルカラーは、生まれもった肌・髪・瞳の色などから、似合う「色」を導き出すセオリー。骨格診断は、生まれもった骨格や体型、ボディの質感から、似合う「形」と「素材」を導き出すセオリー。

　この2つのセオリーを知っていれば、自分に似合う服やコスメを迷いなく選べるようになります。

買ってみたもののしっくりこない……ということがなくなるので、ムダ買いが激減し、クローゼットのアイテムはつねにフル稼働。毎朝の服選びがグッとラクになり、それでいて自分にフィットするすてきな着こなしができるようになります。

　自分の魅力をいかしてくれるスタイルで過ごす毎日は、きっと心地よく楽しいもの。つづけるうちに、やがて「自信」や「自分らしさ」にもつながっていくと思います。

　この本の最大のポイントは、12冊シリーズであること。
　パーソナルカラーは「春」「夏」「秋」「冬」の4タイプ、骨格は「ストレート」「ウェーブ」「ナチュラル」の3タイプに分類され、かけ合わせると合計12タイプ。
　パーソナルカラーと骨格診断の専門知識にもとづき、12タイプそれぞれに似合うファッション・メイク・ヘア・ネイルを1冊ずつにわけてご紹介しています。

　1冊まるごと、私のためのファッション本。
　そんなうれしい本をめざしました。これからの毎日を心地いい自分で過ごすために、この本を手もとに置いていただけたら幸いです。

この本の使い方

この本は

パーソナルカラー **冬**

✕

骨格診断 **ウェーブ**

タイプの方のための本です

【パーソナルカラー】
「春」「夏」「秋」「冬」の**4**タイプ

✕

【骨格】
「ストレート」「ウェーブ」「ナチュラル」の**3**タイプ

かけ合わせると、合計**12**タイプ

〈全12冊シリーズ〉

『パーソナルカラー春×骨格診断ストレート似合わせBOOK』　『パーソナルカラー春×骨格診断ウェーブ似合わせBOOK』　『パーソナルカラー春×骨格診断ナチュラル似合わせBOOK』　『パーソナルカラー夏×骨格診断ストレート似合わせBOOK』　『パーソナルカラー夏×骨格診断ウェーブ似合わせBOOK』　『パーソナルカラー夏×骨格診断ナチュラル似合わせBOOK』

この本はこれ！

『パーソナルカラー秋×骨格診断ストレート似合わせBOOK』　『パーソナルカラー秋×骨格診断ウェーブ似合わせBOOK』　『パーソナルカラー秋×骨格診断ナチュラル似合わせBOOK』　『パーソナルカラー冬×骨格診断ストレート似合わせBOOK』　『パーソナルカラー冬×骨格診断ウェーブ似合わせBOOK』　『パーソナルカラー冬×骨格診断ナチュラル似合わせBOOK』

パーソナルカラー は……
似合う「色」がわかる

生まれもった肌・髪・瞳
の色などから、似合う
「色」を導き出します

骨格は……
似合う「形」「素材」
がわかる

生まれもった骨格や体
型、ボディの質感から、
似合う「形」と「素材」
を導き出します

12冊シリーズ中、自分自身のタイプの本を読むことで、
本当に似合う「色」「形」「素材」の
アイテム、コーディネート、ヘアメイクが
わかります

1 自分自身が「パーソナルカラー冬×
骨格診断ウェーブ」タイプで、　　　　　→ P27へ
似合うものが知りたい方

2 自分自身の「パーソナルカラー」と
「骨格診断」のタイプが
わからない方

■ パーソナルカラーセルフチェック → P12へ

■ 骨格診断セルフチェック → P22へ

→ 12冊シリーズ中、該当するタイプの本を手にとってください

Contents

Chapter1

冬×ウェーブタイプの
魅力を引き出す
ベストアイテム

冬×ウェーブタイプのベストアイテム12

Chapter2

なりたい自分になる、
冬×ウェーブタイプの
配色術

11色で魅せる、冬×ウェーブタイプの
配色コーディネート

Chapter3

冬×ウェーブタイプの
魅力に磨きをかける
ヘアメイク

色の力で、生まれもった魅力を120%引き出す

「パーソナルカラー」

パーソナルカラーって何？

　身につけるだけで自分の魅力を最大限に引き出してくれる、自分に似合う色。

　そんな魔法のような色のことを、パーソナルカラーといいます。

　SNSでひと目惚れしたすてきな色のトップス。トレンドカラーのリップ。いざ買って合わせてみたら、なんだか顔がくすんで見えたり青白く見えたり……。

　それはおそらく、自分のパーソナルカラーとは異なる色を選んでしまったせい。

　パーソナルカラーは、生まれもった「肌の色」「髪の色」「瞳の色」、そして「顔立ち」によって決まります。自分に調和する色を、トップスやメイクやヘアカラーなど顔まわりの部分にとり入れるだけで、肌の透明感が驚くほどアップし、フェイスラインがすっきり見え、グッとおしゃれな雰囲気になります。

　これ、大げさではありません。サロンでのパーソナルカラー診断では、鏡の前でお客さまのお顔の下にさまざまな色の布をあてていくのですが、「色によって見え方がこんなに違うんですね！」と多くの方が驚かれるほど効果絶大なんです。

イエローベースと
ブルーベース

　最近「イエベ」「ブルベ」という言葉をよく耳にしませんか？

　これは、世の中に無数に存在する色を「イエローベース（黄み）」と「ブルーベース（青み）」に分類したパーソナルカラーの用語。

　たとえば同じ赤でも、黄みがあってあたたかく感じるイエローベースの赤と、青みがあって冷たく感じるブルーベースの赤があるのがわかるでしょうか。

　パーソナルカラーでは、色をイエローベースとブルーベースに大きくわけ、似合う色の傾向を探っていきます。

4つのカラータイプ「春」「夏」「秋」「冬」

　色は、イエローベースかブルーベースかに加えて、明るさ・鮮やかさ・クリアさの度合いがそれぞれ異なります。パーソナルカラーでは、そうした属性が似ている色をカテゴライズし、「春」「夏」「秋」「冬」という四季の名前がついた4つのグループに分類しています。各タイプに属する代表的な色をご紹介します。

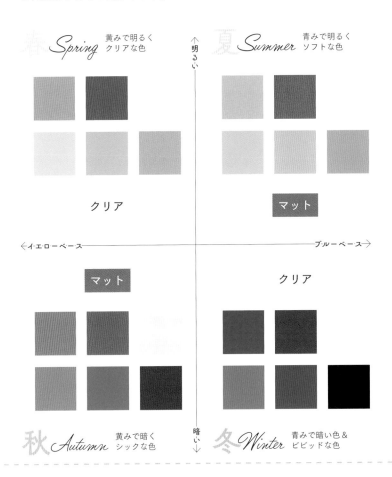

Spring 黄みで明るく　クリアな色

Summer 青みで明るく　ソフトな色

↑ 明るい

クリア

マット

←イエローベース──────────────ブルーベース→

マット

クリア

秋 *Autumn* 黄みで暗く　シックな色

冬 *Winter* 青みで暗い色 & ビビッドな色

↓ 暗い

パーソナルカラーセルフチェック

あなたがどのパーソナルカラーのタイプにあてはまるか、セルフチェックをしてみましょう。迷った場合は、いちばん近いと思われるものを選んでください。

①できるだけ太陽光が入る部屋、または明るく白い照明光の部屋で診断してください。
②ノーメイクでおこなってください。
③着ている服の色が影響しないように白い服を着ましょう。

診断はこちらのウェブサイトでもできます（無料）

Q1 あなたの髪の色は？
（基本は地毛。カラーリングしている方はカラーリング後の色でもOK）

A
黄みの
ライトブラウン

B
赤みのローズブラウン、
または
ソフトなブラック

C
黄みのダークブラウン、
または緑みの
マットブラウン

D
ツヤのあるブラック

Q2 あなたの髪の質感は？

A
ふんわりと
やわらかい
（ねこっ毛だ）。

B
髪は細めで
サラサラだ。

C
太さは普通で
コシとハリがある。

D
1本1本が太くて
しっかりしている。

Q3 あなたの瞳は？

A
キラキラとした黄みの
ライトブラウン〜
ダークブラウン。

B
赤みのダークブラウン
〜ソフトなブラック。
ソフトでやさしい印象。

C
黄みのダークブラウン
で落ち着いた印象。
緑みを感じる方も。

D
シャープなブラック。
白目と黒目の
コントラストが強く
目力がある。
切れ長の方も。

Q4 あなたの肌の色は?

A	B	C	D
明るいアイボリー。ツヤがあって皮膚は薄い感じ。	色白でピンク系。なめらかな質感で頬に赤みが出やすい。	暗めのオークル系。頬に色味がなくマットな質感。くすみやすい方も。	ピンク系で色白。または濃いめの肌色で皮膚は厚め。

Q5 日焼けをすると?

A	B	C	D
赤くなってすぐさめる。比較的焼けにくい。	赤くなりやすいが日焼けはほとんどしない。	日焼けしやすい。黒くなりやすくシミができやすい。	やや赤くなり、そのあときれいな小麦色になる。

Q6 家族や親しい友人からほめられるリップカラーは?

A	B	C	D
クリアなピーチピンクやコーラルピンク	明るいローズピンクやスモーキーなモーブピンク	スモーキーなサーモンピンクやレッドブラウン	華やかなフューシャピンクやワインレッド

Q7 人からよく言われるあなたのイメージは？

A	B	C	D
キュート、フレッシュ、カジュアル、アクティブ	上品、やさしい、さわやか、やわらかい	シック、こなれた、ゴージャス、落ち着いた	モダン、シャープ、スタイリッシュ、クール

Q8 ワードローブに多い、得意なベーシックカラーは？

A	B	C	D

A	B	C	D
ベージュやキャメルを着ると、顔色が明るく血色よく見える。	ブルーグレーやネイビーを着ると、肌に透明感が出て上品に見える。	ダークブラウンやオリーブグリーンを着ても、地味にならずにこなれて見える。	ブラックを着ても暗くならず、小顔＆シャープに見える。

Q9 よく身につけるアクセサリーは？

A	B	C	D
ツヤのあるピンクゴールドや明るめのイエローゴールド	上品な光沢のシルバー、プラチナ	マットな輝きのイエローゴールド	ツヤのあるシルバー、プラチナ

Q10 着ていると、家族や親しい友人からほめられる色は？

A	B	C	D
明るい黄緑やオレンジ、黄色などのビタミンカラー	ラベンダーや水色、ローズピンクなどのパステルカラー	マスタードやテラコッタ、レンガ色などのアースカラー	ロイヤルブルーやマゼンタ、真っ赤などのビビッドカラー

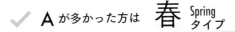

診 断 結 果

✓ **A** が多かった方は　春 Spring タイプ

✓ **B** が多かった方は　夏 Summer タイプ

✓ **C** が多かった方は　秋 Autumn タイプ

✓ **D** が多かった方は　冬 Winter タイプ

いちばんパーセンテージの高いシーズンがあなたのパーソナルカラーです。パーソナルカラー診断では似合う色を決める4つの要素である「ベース（色み）」「明るさ（明度）」「鮮やかさ（彩度）」「クリアか濁っているか（清濁）」の観点から色を分類し、「春夏秋冬」という四季の名称がついたカラーパレットを構成しています。

パーソナルカラーは、はっきりわかりやすい方もいれば、複数のシーズンに似合う色がまたがる方もいます。パーソナルカラーでは、いちばん似合う色が多いグループを「1st シーズン」、2番目に似合う色が多いグループを「2nd シーズン」と呼んでいます。

・春と秋が多い方　黄みのイエローベースが似合う（ウォームカラータイプ）
・夏と冬が多い方　青みのブルーベースが似合う（クールカラータイプ）
・春と夏が多い方　明るい色が似合う（ライトカラータイプ）
・秋と冬が多い方　深みのある色が似合う（ダークカラータイプ）
・春と冬が多い方　クリアで鮮やかな色が似合う（ビビッドカラータイプ）
・夏と秋が多い方　スモーキーな色が似合う（ソフトカラータイプ）

The「春」「夏」「秋」「冬」タイプの方と、2nd シーズンをもつ6タイプの方がいて、パーソナルカラーは大きく10タイプに分類することができます（10Type Color Analysis by 4element®）。

※迷う場合は、巻末の「診断用カラーシート」を顔の下にあててチェックしてみてください（ノーメイク、自然光または白色灯のもとでおこなってください）。

春 タイプ

どんなタイプ？
かわいらしく元気な印象をもつ春タイプ。春に咲き誇るお花畑のような、イエローベースの明るい色が似合います。

肌の色
明るいアイボリー系。なかにはピンク系の方も。皮膚が薄く、透明感があります。

髪・瞳の色
黄みのライトブラウン系。色素が薄く、瞳はガラス玉のように輝いている方が多いです。

似合うカラーパレット

春タイプの色が似合う場合：肌の血色がアップし、ツヤとハリが出る
春タイプの色が似合わない場合：肌が黄色くなり、顔が大きく見える

ベースカラー
（コーディネートの基本となる色）：
アイボリー、ライトウォームベージュ、ライトキャメルなど、黄みのライトブラウン系がおすすめ。

| アイボリー | クリームイエロー | ライトウォームベージュ | ライトキャメル |
| ゴールデンタン | アーモンドブラウン | ウォームグレー | ライトネイビー |

アソートカラー
（ベースカラーに組み合わせる色）：
ピーチピンク、ライトターコイズなどを選ぶと、肌がより明るく血色よく見えます。

| ピーチピンク | アプリコット | ライトサーモン | コーラルピンク |
| ライトクリアゴールド | パステルイエローグリーン | ライトトゥルーグリーン | ライトターコイズ |

アクセントカラー
（配色に変化を与える色）：
ライトオレンジやブライトイエローなどのビタミンカラー、クリアオレンジレッドなどのキャンディカラーがぴったり。

| ブライトイエロー | ライトオレンジ | クリアオレンジレッド | ブライトレッド |
| アップルグリーン | ブルーバード | ライトトゥルーブルー | クロッカス |

夏 *Summer* タイプ

さわやか
やさしい
やわらかい
上品

どんなタイプ？
エレガントでやわらかい印象をもつ夏タイプ。雨のなかで咲く紫陽花のような、ブルーベースのやさしい色が似合います。

肌の色
明るいピンク系。色白で頬に赤みのある方が多いです。

髪・瞳の色
赤みのダークブラウン系か、ソフトなブラック系。穏やかでやさしい印象。

似合うカラーパレット

夏タイプの色が似合う場合：肌の透明感がアップし、洗練されて見える
夏タイプの色が似合わない場合：肌が青白く見え、寂しい印象になる

ベースカラー
（コーディネートの基本となる色）：
ライトブルーグレー、ソフトネイビー、ローズベージュなどで上品に。

オフホワイト　ローズベージュ　ココア　ローズブラウン
ライトブルーグレー　チャコールブルーグレー　ソフトネイビー　グレイッシュブルー

アソートカラー
（ベースカラーに組み合わせる色）：
青みのある明るいパステルカラーや、少し濁りのあるスモーキーカラーが得意。

ベビーピンク　ペパーミントグリーン　パウダーブルー　ライトレモンイエロー
ローズピンク　モーブピンク　スカイブルー　ラベンダー

アクセントカラー
（配色に変化を与える色）：
ローズレッド、ディープブルーグリーンなど、ビビッドすぎない色が肌になじみます。

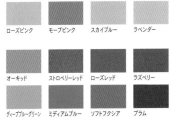

オーキッド　ストロベリーレッド　ローズレッド　ラズベリー
ディープブルーグリーン　ミディアムブルー　ソフトフクシア　プラム

秋 Autumn タイプ

ゴージャス

シック

落ち着いた

こなれた

どんなタイプ？
大人っぽく洗練された印象をもつ秋タイプ。
秋に色づく紅葉のような、イエローベース
のリッチな色が似合います。

肌の色
やや暗めのオークル系。マッ
トな質感で、頬に色味がない
方も。

髪・瞳の色
黄みのダークブラウン系。グ
リーンっぽい瞳の方も。穏や
かでやさしい印象。

似合うカラーパレット

秋タイプの色が似合う場合：肌の血色がアップし、なめらかに見える

秋タイプの色が似合わない場合：肌が暗く黄ぐすみして、たるんで見える

ベースカラー
（コーディネートの基本となる色）：
ダークブラウン、キャメル、オリーブグ
リーンなどのアースカラーも地味になら
ず洗練度アップ。

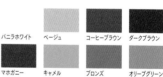

バニラホワイト　ベージュ　コーヒーブラウン　ダークブラウン

マホガニー　キャメル　ブロンズ　オリーブグリーン

アソートカラー
（ベースカラーに組み合わせる色）：
サーモンピンク、マスカットグリーンな
ど、少し濁りのあるスモーキーカラーで
肌をなめらかに。

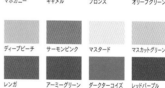

ディープピーチ　サーモンピンク　マスタード　マスカットグリーン

レンガ　アーミーグリーン　ダークターコイズ　レッドパープル

アクセントカラー
（配色に変化を与える色）：
テラコッタ、ゴールド、ターコイズなど、
深みのあるリッチなカラーがおすすめ。

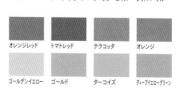

オレンジレッド　トマトレッド　テラコッタ　オレンジ

ゴールデンイエロー　ゴールド　ターコイズ　ディープイエローグリーン

冬 Winter タイプ

スタイ
リッシュ

モダン

クール

シャープ

どんなタイプ？
シャープで凛とした印象をもつ冬タイプ。澄んだ冬空に映えるような、ブルーベースのビビッドな色が似合います。

肌の色
明るめか暗めのピンク系。黄みの強いオークル系の方も。肌色のバリエーションが多いタイプ。

髪・瞳の色
真っ黒か、赤みのダークブラウン系。黒目と白目のコントラストが強く、目力があります。

似合うカラーパレット

冬タイプの色が似合う場合：フェイスラインがすっきりし、華やかで凛とした印象になる
冬タイプの色が似合わない場合：肌から色がギラギラ浮いて見える

ベースカラー
（コーディネートの基本となる色）：
白・黒・グレーのモノトーンが似合う唯一のタイプ。濃紺も似合います。

ピュアホワイト　ライトグレー　ミディアムグレー　チャコールグレー

ブラック　グレーベージュ　ネイビーブルー

アソートカラー
（ベースカラーに組み合わせる色）：
深みのあるダークカラーで大人っぽく。薄いシャーベットカラーも得意。

ブルーレッド　マラカイトグリーン　パイングリーン　ロイヤルパープル

ペールグリーン　ペールブルー　ペールピンク　ペールバイオレット

アクセントカラー
（配色に変化を与える色）：
目鼻立ちがはっきりしているので、ショッキングピンクやロイヤルブルーなどの強い色にも負けません。

トゥルーレッド　チェリーピンク　ショッキングピンク　マゼンタ

レモンイエロー　トゥルーグリーン　トゥルーブルー　ロイヤルブルー

※ベース、アソート、アクセントカラーは配色によって変わることがあります

一度知れば一生役立つ、似合うファッションのルール
「骨格診断」

骨格診断って何？

　肌や瞳の色と同じように、生まれもった体型も人それぞれ。骨格診断は、体型別に似合うファッションを提案するメソッドです。

　体型といっても、太っているかやせているか、背が高いか低いか、ということではありません。

　骨や関節の発達のしかた、筋肉や脂肪のつきやすさ、肌の質感など、生まれもった体の特徴から「似合う」を導き出します。

　パーソナルカラーでは自分に似合う「色」がわかる、といいました。一方、骨格診断でわかるのは、自分に似合う「形」と「素材」。

　服・バッグ・靴・アクセサリーなど世の中にはさまざまなファッションアイテムがあふれていますが、自分の骨格タイプとそのルールを知っておけば、自分に似合う「形」と「素材」のアイテムを迷わず選びとることができるんです。

　体型に変化があっても、骨の太さが大きく変わることはありません。体重の増減が10kg前後あった場合、似合うものの範囲が少し変わってくることはありますが、基本的に骨格タイプは一生変わらないもの。つまり、自分の骨格タイプのルールを一度覚えてしまえば、一生役立ちます。

　年齢を重ねるとボディラインが変化していきますが、じつは変化のしかたには骨格タイプごとの特徴があります。そのため、年齢を重ねることでより骨格タイプに合ったファッションが似合うようになる傾向も。

　パーソナルカラーと骨格診断。どちらも、「最高に似合う」を「最速で叶える」ためのファッションルール。服選びに迷ったときや、鏡のなかの自分になんだかしっくりこないとき、きっとあなたを助けてくれるはずです。

3つの骨格タイプ「ストレート」「ウェーブ」「ナチュラル」

　骨格診断では、体の特徴を「ストレート」「ウェーブ」「ナチュラル」という3つの骨格タイプに分類し、それぞれに似合うファッションアイテムやコーディネートを提案しています。

　まずは、3タイプの傾向を大まかにご紹介しますね。

ストレート *Straight*

筋肉がつきやすく、立体的でメリハリのある体型の方が多いタイプ。シンプルでベーシックなスタイルが似合います。

ウェーブ *Wave*

筋肉より脂肪がつきやすく、平面的な体型で骨が華奢な方が多いタイプ。ソフトでエレガントなスタイルが似合います。

ナチュラル *Natural*

手足が長く、やや平面的な体型で骨や関節が目立つ方が多いタイプ。ラフでカジュアルなスタイルが似合います。

骨格診断セルフチェック

診断はこちらの
ウェブサイトでも
できます（無料）

あなたがどの骨格診断のタイプにあてはまるか、セルフ
チェックをしてみましょう。迷った場合は、いちばん近い
と思われるものを選んでください。
①鎖骨やボディラインがわかりやすい服装でおこないましょう。
　（キャミソールやレギンスなど）
②姿見の前でチェックしてみましょう。
③家族や親しい友人と一緒に、体の特徴を比べながらおこなうとわかりやすいです。

Q1 筋肉や脂肪のつき方は？

A 筋肉がつきやすく、二の腕や太ももの前の筋肉が張りやすい。

B 筋肉がつきにくく、腰まわり、お腹など下半身に脂肪がつきやすい。

C 関節が大きく骨が太め。肉感はあまりなく、骨張っている印象だ。

Q2 首から肩にかけてのラインは？

A 首はやや短め。肩まわりに厚みがある。

B 首は長めで細い。肩まわりが華奢で薄い。

C 首は長くやや太め。筋が目立ち肩関節が大きい。

Q3 胸もとの厚みは？

A 厚みがあり立体的（鳩胸っぽい）、バストトップは高め。

B 厚みがなく平面的、バストトップはやや低め。

C 胸の厚みよりも、肩関節や鎖骨が目立つ。

Q4 鎖骨や肩甲骨の見え方は？

A あまり目立たない。

B うっすらと出ているが、骨は小さい。

C はっきりと出ていて、骨が大きい。

Q5 体に対する手の大きさや関節は？

A 手は小さく、手のひらは厚い。骨や筋は目立たない。

B 大きさはふつうで、手のひらは薄い。骨や筋は目立たない。

C 手は大きく、厚さより甲の筋や、指の関節、手首の骨が目立つ。

Q6 手や二の腕、太ももの質感は？

A 弾力とハリのある質感。

B ふわふわとやわらかい質感。

C 皮膚がややかためで、肉感をあまり感じない。

Q7 腰からお尻のシルエットは？

A 腰の位置が高めで、腰まわりが丸い。

B 腰の位置が低めで、腰が横(台形)に広がっている。

C 腰の位置が高めで、お尻は肉感がなく平らで長い。

Q8 ワンピースならどのタイプが似合う？

A Iラインシルエットでシンプルなデザイン

B フィット＆フレアのふんわり装飾性のあるデザイン

C マキシ丈でゆったりボリュームのあるデザイン

Q9 着るとほめられるアイテムは？

A パリッとしたコットンシャツ、ハイゲージ(糸が細い)のVネックニット、タイトスカート

B とろみ素材のブラウス、ビジューつきニット、膝下丈のフレアスカート

C 麻の大きめシャツ、ざっくり素材のゆったりニット、マキシ丈スカート

Q10 どうもしっくりこないアイテムは？

A ハイウエストワンピ、シワ加工のシャツ、ざっくり素材のゆったりニット

B シンプルなVネックニット、ローウエストワンピ、オーバーサイズのカジュアルシャツ

C シンプルなTシャツ、フィット＆フレアの膝丈ワンピ、ショート丈ジャケット

診 断 結 果

✓ **A** が多かった方は **ストレート**タイプ

✓ **B** が多かった方は **ウェーブ**タイプ

✓ **C** が多かった方は **ナチュラル**タイプ

いちばん多い回答が、あなたの骨格タイプです（2タイプに同じくらいあてはまった方は、ミックスタイプの可能性があります）。BとCで悩んだ場合は、とろみ素材でフィット感のある、フリルつきのブラウス＆膝丈フレアスカートが似合えばウェーブタイプ、ローゲージ（糸が太い）のざっくりオーバーサイズのニット＆ダメージデニムのワイドシルエットが似合う方は、ナチュラルタイプの可能性が高いです。

ストレート Straight タイプ

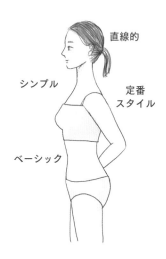

直線的

シンプル

定番
スタイル

ベーシック

どんなタイプ？

グラマラスでメリハリのある体が魅力のストレートタイプ。シンプルなデザイン、適度なフィット感、ベーシックな着こなしで「引き算」を意識すると、全体がすっきり見えてスタイルアップします。

体の特徴

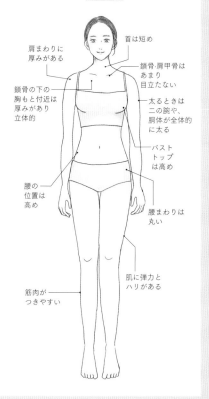

肩まわりに
厚みがある

首は短め

鎖骨・肩甲骨は
あまり
目立たない

鎖骨の下の
胸もと付近は
厚みがあり
立体的

太るときは
二の腕や、
胴体が全体的
に太る

バスト
トップ
は高め

腰の
位置は
高め

腰まわりは
丸い

肌に弾力と
ハリがある

筋肉が
つきやすい

似合うファッションアイテム
パリッとしたシャツ、Ｖネックニット、タイトスカート、センタープレスパンツなど、シンプル＆ベーシックで直線的なデザイン。

似合う着こなしのポイント
Ｖネックで胸もとをあける、腰まわりをすっきりさせる、サイズやウエスト位置はジャストにする、Ｉラインシルエットにする、など。

似合う素材
コットン、ウール、カシミヤ、シルク、表革など、ハリのある高品質な素材。

似合う柄
チェック、ストライプ、ボーダー、大きめの花柄など、直線的な柄やメリハリのある柄。

ウェーブ Wave タイプ

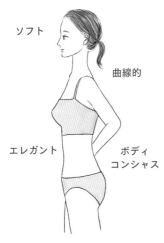

ソフト

曲線的

エレガント

ボディ
コンシャス

どんなタイプ？

華奢な体とふわふわやわらかい肌質が魅力
のウェーブタイプ。曲線的なデザインや装
飾のあるデザインで「足し算」を意識すると、
体にほどよくボリュームが出て、エレガン
トさが際立ちます。

体の特徴

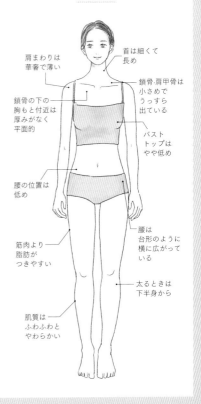

肩まわりは
華奢で薄い

首は細くて
長め

鎖骨・肩甲骨は
小さめで
うっすら
出ている

鎖骨の下の
胸もと付近は
厚みがなく
平面的

バスト
トップは
やや低め

腰の位置は
低め

腰は
台形のように
横に広がって
いる

筋肉より
脂肪が
つきやすい

太るときは
下半身から

肌質は
ふわふわと
やわらかい

似合うファッションアイテム

フリルや丸首のブラウス、プリーツや
タックなど装飾のあるフレアスカート、
ハイウエストのワンピースなど、ソフト
＆エレガントで曲線的なデザイン。

似合う着こなしのポイント

フリルやタックで装飾性をプラスする、
ハイウエストでウエストマークをして重
心を上げる、フィット（トップス）＆フ
レア（ボトムス）のＸラインシルエッ
トにする、など。

似合う素材

ポリエステル、シフォン、モヘア、エナ
メル、スエードなど、やわらかい素材や
透ける素材、光る素材。

似合う柄

小さいドット、ギンガムチェック、ヒョ
ウ柄、小花柄など、小さく細かい柄。

ナチュラル タイプ

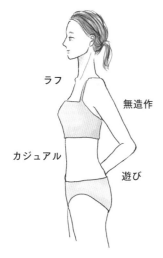

ラフ

無造作

カジュアル

遊び

どんなタイプ？
しっかりした骨格と長い手足が魅力のナチュラルタイプ。ゆったりシルエットや風合いのある天然素材で「足し算」を意識すると、骨格の強さとのバランスがとれて、こなれた雰囲気に仕上がります。

体の特徴

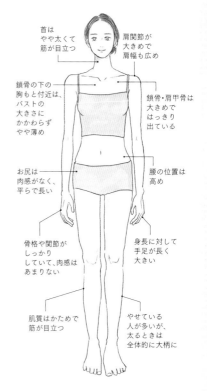

首は
やや太くて
筋が目立つ

肩関節が
大きめで
肩幅も広め

鎖骨の下の
胸もと付近は、
バストの
大きさに
かかわらず
やや薄め

鎖骨・肩甲骨は
大きめで
はっきり
出ている

お尻は
肉感がなく、
平らで長い

腰の位置は
高め

骨格や関節が
しっかり
していて、肉感は
あまりない

身長に対して
手足が長く
大きい

肌質はかためで
筋が目立つ

やせている
人が多いが、
太るときは
全体的に大柄に

似合うファッションアイテム
麻のシャツ、ざっくりニット、ワイドパンツ、マキシ丈スカートなど、ラフ＆カジュアルでゆったりとしたデザイン。

似合う着こなしのポイント
ボリュームをプラスしてゆったりシルエットをつくる、長さをプラス＆ローウエストにして重心を下げる、肌をあまり出さない、など。

似合う素材
麻、コットン、デニム、コーデュロイ、ムートンなど、風合いのある天然素材や厚手の素材。

似合う柄
大きめのチェック、ストライプ、ペイズリー、ボタニカルなど、カジュアルな柄やエスニックな柄。

Chapter 1

冬 × ウェーブタイプの
魅力を引き出す
ベストアイテム

1

ブラックのツインニット

簡単に重ね着を楽しめるツインニットは、体に適
度なボリュームをプラスしてくれるのでウェーブ
タイプにおすすめ。細く長い首がバランスよく見
えるように、ネックラインが縦にあいていない浅
いラウンドネックを選びます。強い色のブラック
は、はっきりした顔立ちの冬タイプだけが似合う
色。透かし編みの入った繊細なデザインで、冬×
ウェーブタイプの魅力をとことん引き出して。

Twin knit /
NEWYORKER

強くて繊細な
私のためだけにある服

2

ブラックのワンピース

ウェーブタイプの王道シルエットは、Xラインを
演出する「フィット＆フレア」。高めの位置で絞
られたウエストや、ふんわり広がるベルライン
のスカートがスタイルアップを叶えます。大人っ
ぽいロング丈を選ぶなら、細い足首が出るミモレ
丈で重心を下げすぎないのがポイント。鉄板のブ
ラックも、冬×ウェーブタイプは表情豊かな異素
材コンビネーションでエレガントに。

One piece / KOBE LETTUCE

表情豊かなワンピでつくる
Ｍラインシルエット

3

ホワイトのフレアスカート

混じりけのない真っ白も、冬タイプだからこそ
着こなせる色。パンツよりもスカートが得意な
ウェーブタイプは、やわらかい素材のフレアス
カートで、重心のある下半身をふんわり軽やかに。
デザイン性のあるトップスをハイウエストでイン
してさらに視線を上げて。骨格的にはショート丈
や膝下丈が得意ですが、年齢やシーンにかかわら
ず選びやすいロング丈も、色・素材・着こなしで
上手にクリア。

Skirt / marvelous by Pierrot

ピュアな白をまとって
今日一日を清々しく

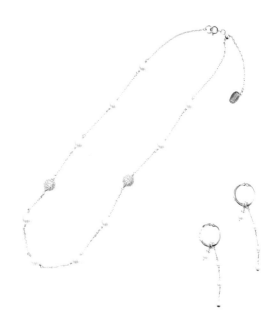

パール × シルバー の 揺 れ る イ ヤ リ ン グ
パール × シルバー の ネ ッ ク レ ス

冬タイプのクールな美しさを引き立てるのは、シルバーカラーの金属に、真っ白で照りのあるパールがあしらわれたアクセサリー。骨格が華奢なウェーブタイプは 8mm 以下のパールが似合いますが、顔のパーツが華やかな冬タイプには少し大きめがマッチします。イヤリングやピアスは揺れるタイプでクラス感のあるデザイン。ネックレスは鎖骨にかかる程度の長さで重心をアップ。

Necklace, Earrings /
VENDOME BOUTIQUE

凛とした瞳にふさわしい
クールな光

華やかカラーの
プリンセスメイク

鮮やかな色や深みのある色がよく似合う冬×
ウェーブ。青みがかったピンク系やパープル系の
メイクアップカラーは、品格のある華やかさを演
出します。ちょっと派手に感じる色もおしゃれに
映えるのは冬タイプだからこそ。キラキラとした
ラメやパールも得意。シルバー系の大きめラメを
目もとに輝かせて、存在感のあるまなざしをさら
に魅力的に。

アイシャドウ /
DIOR ディオールショウ サンク
クルール 879
ルージュトラファルガー
チーク /
ADDICTION アディクション
ザ ブラッシュ 008P Fuchsia
Berry (P) フューシャ ベリー
リップ /
DECORTÉ ルージュ デコル
テ 30 Promise ring

気品ある色で
笑顔をドレスアップ

冬×ウェーブはどんなタイプ？

クールで甘い魅惑のオーラ

冬タイプのモダンなイメージと、ウェーブタイプのかわいらしいイメージを兼ね備えた、華やかな魅力をもつタイプ。コントラストの強い鮮やかな配色を、甘めのデザインで着こなすのがおすすめです。冬タイプが得意とするクールなモノトーンも、冬×ウェーブタイプが着るとドラマティックな輝きを放ちます。

イメージワード

ドラマティック、ラグジュアリー、ゴージャス、華やか

冬×ウェーブタイプの有名人

中条あやみ、水原希子、三吉彩花、菜々緒
（※写真での診断によるものです）

冬タイプの特徴		ウェーブタイプの特徴

・ブルーベース、低明度、高彩度、クリア
・シャープでビビッドな色が似合う
・真っ白、黒、グレーのモノトーンが似合う

・華奢でソフトな体
・曲線的で装飾のあるアイテムが似合う

似合う色、苦手な色

冬タイプに似合う色

　真っ黒な髪や瞳がドラマティックな印象の冬タイプ。顔立ちも華やかな方が多く、その雰囲気に負けないくらいのビビッドカラーやモノトーン、コントラストの強い配色が似合います。

　ウェーブタイプの方には、マゼンタやトゥルーレッド、ペールピンクがとくにおすすめです。

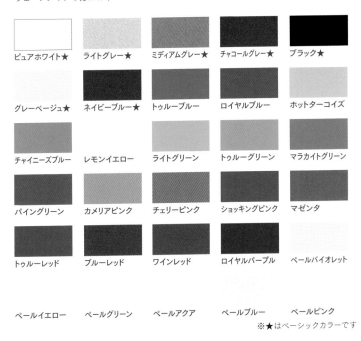

ピュアホワイト★	ライトグレー★	ミディアムグレー★	チャコールグレー★	ブラック★
グレーベージュ★	ネイビーブルー★	トゥルーブルー	ロイヤルブルー	ホットターコイズ
チャイニーズブルー	レモンイエロー	ライトグリーン	トゥルーグリーン	マラカイトグリーン
パイングリーン	カメリアピンク	チェリーピンク	ショッキングピンク	マゼンタ
トゥルーレッド	ブルーレッド	ワインレッド	ロイヤルパープル	ペールバイオレット
ペールイエロー	ペールグリーン	ペールアクア	ペールブルー	ペールピンク

※★はベーシックカラーです

冬タイプが苦手な色

　濁りのある色は、透明感のある肌に見えにくく苦手です。オレンジやゴールドなど黄みの強い色も、髪や瞳の色とぶつかって浮いてしまったり、顔に赤みが出てしまいあか抜けて見えなかったりします。

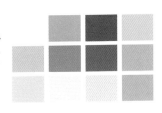

色選びに失敗しないための基礎知識

色の「トーン」のお話

実際に服やコスメを選ぶときは、39ページの似合う色のカラーパレットと照らし合わせると選びやすいと思います。

ここからは、「カラーパレットにない色を選びたい」「似合う色を自分で見極められるようになりたい」という方のために、ちょっと上級者向けの色のお話をしますね。

下の図は、色を円環状に配置した「色相環」という図です。これは、赤・緑・青などの「色相」（色味の違い）を表しています。この色相環をもとに、ベースの色味が決まります。

ただ、色の違いは色相だけでは説明できません。同じ赤でも、明るい赤や暗い赤、鮮やかな赤やく

すんだ赤があるように、色には「明度」（明るさ）や「彩度」（鮮やかさ）という指標もあります。

明度や彩度が異なることによる色の調子の違いを「トーン」と呼んでいます。右ページ下の図は、色相とトーンをひとつの図にまとめたもの。

「ビビッド」は純色と呼ばれる、最も鮮やかな色。そこに白を混ぜていくと、だんだん高明度・低彩度に。黒を混ぜていくと、だんだん低明度・低彩度になります。

白か黒を混ぜるだけでは色は濁らずクリア（清色）ですが、グレー（白＋黒）を混ぜるとマット（濁色）になります。

色相環

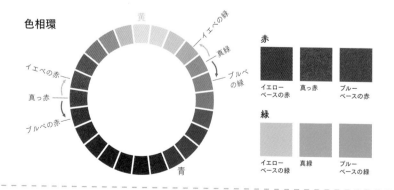

冬タイプに似合う色のトーンは？

　個人差はありますが、下のトーン図でいうと、v（ビビッド）、dp（ディープ）、dk（ダーク）、p（ペール）などが冬タイプに似合いやすい色。このなかでも青みのある色を選べばOKです（無彩色も得意です）。

　彩度が高いビビッドカラーは華やかな雰囲気、明度が高く彩度が低いシャーベットカラーは洗練された雰囲気になります。

トーン図

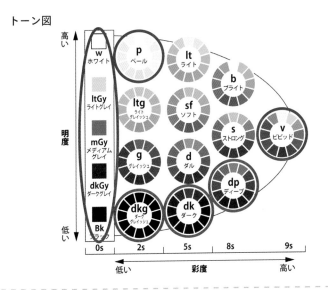

第一印象は「フォーカルポイント」で決まる

フォーカルポイントとは？

おでこから胸もとまでの約30cmのゾーンを「フォーカルポイント」（目を引く部分）といいます。私たちは人と対面するとき、相手のフォーカルポイントを見てその人がどんな人かを無意識に判断しています。

つまり、顔だけでなく「服のネックライン」までもが第一印象を左右するということ。

「似合う」を手軽に、でも確実に手に入れるためには、顔まわりにパーソナルカラーをもってくることと同時に、服のネックラインにこだわることがとても大切なんです。

似合うフォーカルポイントのつくり方

似合うネックラインと、苦手なネックライン。それは、骨格タイプによって決まります。

上半身が華奢で、首が細く長いウェーブタイプは、ネックラインをあけすぎないことが鉄則。ネックラインが大きく縦にあいた服を着ると、体の華奢さや首の長さが強調されすぎて見えてしまいます。

ウェーブタイプに似合うネックラインは、ラウンドネックやボートネック。シンプルなトップスよりも、襟もとにギャザーやフリル、リボンやビジューなど装飾のついたデザインのほうが、適度なボリュームが出て華やかになります。

きちんとしたシーンでは、直線的なシャツより曲線的なブラウスがおすすめ。

反対に、ネックラインの高いタートルネックを着ると、バストトップ位置の低さが目立ってバランスが悪くなってしまう傾向。

選ぶなら、襟が高すぎないプチハイネックがおすすめです。鎖骨の長さのネックレスを重ねて襟もとを分断すると、よりバランスが整う効果も。

ネックラインのほか、フォーカルポイントに近いスリーブ（袖）ラインも、肩まわりや二の腕の印象に影響を与えます。ネックラインに加えて意識するとさらに効果的！

似合う！

しっくり
こない……

首もとがあいていないケープカラーなら、
胸もとが寂しく見えない！
冬タイプに似合う真っ白でさわやかに。

首もとが大きくあいていると、
華奢さや首の長さが目立つ。
黄みのある濁った色、シンプル
なデザインも苦手。

[冬×ウェーブタイプ] **似合うネックライン**

ラウンドネック

ボートネック

ピーターパンカラー

オフタートル

ボーカラー

タイカラー

ラッフルドカラー

セーラーカラー

[冬×ウェーブタイプ] **似合うスリーブライン**

ノースリーブ

フレンチスリーブ

七分袖

パフスリーブ

タックドスリーブ

体の質感でわかる、似合う素材と苦手な素材

やわらかい素材が似合うウェーブタイプ

　骨格診断でわかるのは、似合うファッションアイテムの「形」と「素材」。形だけでなく素材もまた、似合う・似合わないを決める重要なポイントです。

　ウェーブタイプは、筋肉より脂肪がつきやすく、肌の質感がやわらかい方が多いタイプ。肌質にマッチするやわらかい素材や薄くて軽い素材、透ける素材が似合います。

　たとえば、動くとひらひら揺れるようなポリエステルやシフォン、繊細なレースなどはとても得意。ブラウスやスカート、ワンピースにとり入れると、エレガントさが引き立ちます。

　冬なら、ソフトな風合いのファンシーツイードやスエードのジャケット、毛足の長いモヘアやアンゴラのニットなどもおすすめです。ふんわりした素材のトップスを身につけても着太りして見えないのはウェーブタイプだからこそ。

　光沢のある素材も得意なので、大人っぽい着こなしをするならベロアやエナメルにもぜひトライしてみてください。

体の質感に負けるのはどんな素材？

　パリッとした綿シャツやギャバジン生地のトレンチコートなど、ストレートタイプに似合うようなフラットでハリのある素材は苦手。やわらかい肌質とマッチしにくく、制服を着ているような印象になります。

　また、厚手のローゲージニットやムートンのコートなど、ナチュラルタイプに似合うような素材も、服に着られているような印象になり苦手です。

　カジュアルよりエレガントな素材が似合いやすいウェーブタイプですが、カジュアルの定番、デニムパンツをはきたいときもあると思います。

　そんなときはかたいデニムではなく、ストレッチのきいたやわらかいデニムを選んでみてください。スリムタイプで、足首の出るクロップド丈がおすすめです。

ウェーブタイプに似合う素材

シフォン

モヘア

スエード

ファンシーツイード

アンゴラ

コットン

ウェーブタイプに似合う柄

ドット

花柄

ゼブラ

タータンチェック

千鳥格子

ペイズリー

重心バランスを制すると、
スタイルアップが叶う

自分の体の「重心」はどこにある？

　骨格タイプごとにさまざまな体の特徴がありますが、大きな特徴のひとつに「重心」の違いがあります。骨格診断でいう重心とは、体のなかでどこにボリュームがあるかを示す言葉。

　ストレートタイプは、胸もとに立体感がありバストトップの高い方が多いので、横から見るとやや上重心ですが、基本的に偏りはなく「真ん中」。

　ウェーブタイプは、バストトップや腰の位置が低く、腰の横張りがある「下重心」。

　ナチュラルタイプは、肩幅があって腰の位置が高く、腰幅の狭い「上重心」の方が多いです。

　自分の体の重心がどこにあるかを知り、服や小物で重心を移動させてちょうどいいバランスに調整する。これが、スタイルアップの秘訣です！

ウェーブタイプに似合う重心バランス

　重心バランスを調整するためにまずチェックしたいのが、「ウエスト位置」と「トップスの着丈」。ウェーブタイプは下重心の方が多いため、重心を上げるアイテムや着こなしを選ぶとバランスが整います。

　ウエスト位置はハイウエスト。トップスの着丈は、腰骨に少しかかる丈かそれより短いショート丈が好バランスです。ハイウエストのボトムスにトップスをインする、ベルトやリボンを使って高めの位置でウエストマークするなど、着こなしを工夫して重心を上げるのも効果的。

　トップスをタイトフィットのショート丈にし、高い位置でウエストをきゅっと絞り、ふわっと広がるフレアスカートを合わせて、「フィット＆フレア」のXラインシルエットをつくる。これがウェーブタイプのスタイルアップを叶える最大の秘訣なので、ぜひ覚えてくださいね。

　重心バランスには、服だけでなく小物も関係します。

　バッグは、もつ位置によって重心を上下させることが可能。ウェーブタイプは小さめのバッグを肩からかけると重心が上がります。

　靴は、ボリュームによって重心を上下させます。ウェーブタイプは、細いストラップやピンヒールなど華奢なデザインの靴で。フラットシューズを履くならスニーカーよりバレエシューズがおすすめですが、スニーカーの場合はできるだけスリムでコンパクトなものを選びます。

　ネックレスの長さも抜かりなく！　約40〜45cmで鎖骨にかかるくらいの、「プリンセス」と呼ばれる長さのネックレスが相性抜群です。

結論！
冬×ウェーブタイプに似合う
王道スタイル

色のコントラストを
きかせたフィット＆
フレアスタイル

冬タイプの
パーソナルカラー
で華やかに

コントラストの
きいた無彩色×
ビビッドカラー

やわらかい
肌質に合う
やわらかい素材

裾が広がるマーメ
イドスカート

華奢なサンダル

真っ白パールの
揺れるイヤリング

首もとがあいていない
ネックライン

上半身に立体感を
与えるケープカラー

ウエストは
高めの位置で
マーク

Xライン
シルエット

小さめバッグ

パーソナルカラーと
骨格診断に
合っていない
ものを着ると……

黄みのある濁った
色は、顔色が
黄ぐすみする原因

首もとがあいていて、
華奢さや首の長さが
目立つ

ベーシックな
アイテムだと
寂しい印象

大きいバッグは
重心が下がって
バランスが
イマイチ

苦手はこう攻略する！

Q. 苦手な色のトップスを着たいときは？

A1. セパレーションする

苦手な色を顔から離す方法が「セパレーション」。
首もとに似合う色のネックレスやスカーフをする
など、似合う色を少しでも顔まわりにもってくる
ことが大切。セパレーションが難しいタートル
ネックは似合う色を選ぶことをおすすめします。

A2. メイクは似合う色にする

メイクの色は顔に直接的な影響を与えます。苦手
な色のトップスの影響を和らげるには、アイシャ
ドウ・チーク・リップを似合う色で徹底！

Q. 明るい色のトップスを着たいときは？

A. 淡いペールカラーを選ぶ

冬タイプの場合、中途半端なパステルカラーは甘くなりすぎて、あまり得意ではありませ
ん。明るい色を着たいときは純白か、パステルカラーよりワントーン明るい淡いペールカ
ラーを選ぶと、肌に透明感が出てすっきり見えます。

Q. シックなスモーキーカラーを着たいときは？

A. グレーを選ぶ

濁りのある色は地味に見えやすく苦手な冬タイプ。でも、白と黒だけを混ぜてできるモノ
トーンのグレーなら、ライトグレーからチャコールグレーまで、どの明るさでもよくお似合
い。フェイスラインがすっきりして洗練されます。

冬×ウェーブタイプのベストアイテム12

　ここからは、冬×ウェーブタイプの方におすすめしたいベストアイテム12点をご紹介。冬×ウェーブタイプの魅力を最大限に引き出してくれて、着まわし力も抜群のアイテムを厳選しました。

　これらのアイテムを使った14日間のコーディネート例もご紹介するので、毎日の着こなしにぜひ活用してください。

● BEST ITEM 1 ●

ネイビーのパフスリーブTシャツ

上半身が華奢でなで肩の方が多いウェーブタイプは、シンプルなTシャツより、袖にデザイン性のあるTシャツが得意。首もとが縦にあかないラウンドネックが◎。シックな色を選ぶと大人のかわいらしさがアップ。

大人かわい
いネイビー

首もとがあいていない
ラウンドネック

コンパクトな
サイズ感

パフスリーブで
肩まわりに
ボリュームをプラス

薄手素材や
ストレッチ素材

T-shirt / marvelous by Pierrot

ホワイトのブラウス

シャツよりブラウスが得意なウェーブタイプ。冬×ウェーブタイプには品
格を感じるスタンドカラーのブラウスがおすすめ。襟が低めのものを選ぶ
と、胸の位置の低さが目立ちません。色は真っ白で凛とした華やかさを。

シャツより
ブラウスで
エレガントに

品格のある
スタンドカラー

やわらかい素材

胸もとを
華やかに飾る
ギャザー

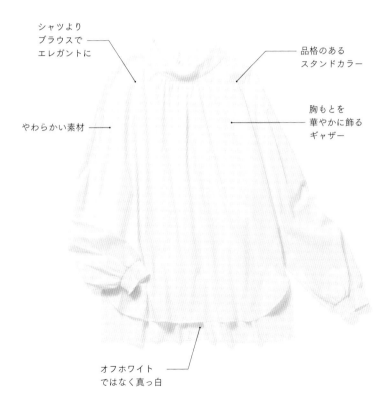

オフホワイト
ではなく真っ白

Blouse / YECCA VECCA

ブラックのツインニット

重ね着などの足し算コーデが得意なウェーブタイプ。似合う色のツインニットを1着もっていると便利です。薄手のやわらかい素材、コンパクトなサイズ感、透かし編みの入ったデザインでさりげなく可憐さをプラス。

冬タイプだからこそ
着こなせるブラック

コンパクトな
サイズ感

薄手の
やわらかい素材

可憐な
透かし模様

足し算コーデの味方、
ツインニット

Twin knit / NEWYORKER

ホワイトのフレアスカート

ふんわりとしたシルエットと素材のスカートは、ウェーブタイプのかわい
らしさを引き出し、下重心の体型を軽やかに見せてくれる効果も。真っ白
のロングスカートで大人っぽさと軽さを同時に叶えます。

ハイウエスト

ピュアな
ホワイト

裾が広がる
フレアライン

風に
ひらひら揺れる
軽い素材

Skirt / marvelous by Pierrot

グレーのテーパードパンツ

腰の横張りが目立つパンツよりスカートが似合うウェーブタイプですが、
パンツなら細身のテーパードがおすすめ。クロップド丈で重心を上げて。
どんな色のトップスも合わせやすいシックなグレーがイチオシ。

薄手素材や
ストレッチ素材

洗練度がグッと
高まるグレー

足首が覗く
クロップド丈

細身の
テーパード

Pants / marvelous by Pierrot

ブラックのワンピース

フレンチスリーブのトップス×ベルラインのスカートがキュートなワンピースは、ブラックで大人の魅力を引き立てて。ウエストからギャザーが入ったデザインも、ウェーブタイプなら着太りせずに着こなせます。

華奢な体に似合う
フレンチスリーブ

ブラックの
異素材コンビ

高めの位置で
きゅっと絞られた
ウエスト

腰からふんわり
膨らむベルライン

長すぎない
ミモレ丈

One piece / KOBE LETTUCE

ネイビーのショートジャケット

ジャケットを選ぶときは、曲線的な体に似合うラウンドネックのノーカラーで、細身シルエット、重心が上がるショート丈を。冬×ウェーブタイプにはブラックよりやさしく穏やかな印象になるネイビーがおすすめ。

ノーカラー

体にフィットする
細身シルエット

やさしく
穏やかなネイビー

重心を上げる
ショート丈

Jacket / ザ・スーツカンパニー

ネイビーのトレンチコート

ウェーブタイプは、薄手でやわらかい綿、もしくはポリエステルのトレンチコートをチョイス。ウエストベルトを高い位置で締めてメリハリをつけて。ネイビーならどの冬カラーとも相性がよく、小顔・美肌効果あり。

薄手でやわらかい綿
orポリエステル素材

小顔・美肌効果の
高いネイビー

Xライン
シルエットを
つくる

ベルトを
ハイウエスト
位置で締める

ミディアム〜
ショート丈

Trench coat / YECCA VECCA

キャンバス地のバニティバッグ

バッグを選ぶときは、華奢な骨格に合う小さめサイズで丸みのあるものを。キャンバス地×ブラックレザーのバッグはどんな服にも合わせやすく、暗い色の多い冬タイプのコーディネートに抜けをつくるのに重宝します。

キャンバス地×
ブラックレザー

ショルダーベルト
つきの2wayタイプ

明るい色で
コーディネートに
抜けをつくる

小さめで丸みの
あるデザイン

Bag / KOBE LETTUCE

ブラックのエナメルパンプス

靴も骨格に合わせて、細いヒールとスリムなデザインのものを。重心を整える役目も担ってくれます。クリアな色が似合う冬×ウェーブタイプは、光沢のあるブラックのエナメルのパンプスで足もとから華やかに。

華奢なパンプス

ピンヒール

冬×ウェーブが
得意なエナメル素材

クリアな
ブラック

足もとを
コンパクトに
して重心アップ

Pumps / Attenir

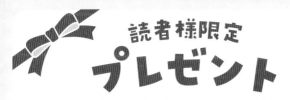

113-0023

東京都文京区向丘2-14-9

サンクチュアリ出版

『パーソナルカラー冬×骨格診断ウェーブ
似合わせBOOK』

読者アンケート係

ご住所　　〒□□□-□□□□	
TEL※	
メールアドレス※	
お名前	男 ・ 女 （　　歳）

ご職業

1 会社員　2 専業主婦　3 パート・アルバイト　4 自営業　5 会社経営　6 学生　7 その他

ご記入いただいたメールアドレスには弊社より新刊のお知らせや イベント情報などを送らせていただきます。 希望されない方は、こちらにチェックマークを入れてください。	メルマガ不要 □

本書をお買上げいただき、まことにありがとうございます。
読者サービスならびに出版活動の改善に役立てたいと考えておりますので
ぜひアンケートにご協力をお願い申し上げます。

■**本書はいかがでしたか?** 　該当するものに○をつけてください。

最悪	悪い	普通	良い	最高
★	★★	★★★	★★★★	★★★★★

■**本書を読んだ感想をお書きください。**

パール×シルバーの揺れるイヤリング
パール×シルバーのネックレス

クールなシルバーに、真っ白で照りのあるパールが施されたアクセサリー。冬
×ウェーブタイプには繊細でありながら存在感のあるデザインが似合います。
イヤリングやピアスは耳から下がるタイプ、ネックレスは鎖骨の長さがおすすめ。

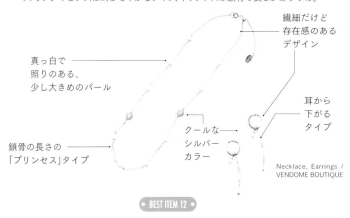

繊細だけど
存在感のある
デザイン

真っ白で
照りのある、
少し大きめのパール

耳から
下がる
タイプ

鎖骨の長さの
「プリンセス」タイプ

クールな
シルバー
カラー

Necklace, Earrings /
VENDOME BOUTIQUE

シルバーの腕時計

手首をさりげなく飾る腕時計も、機能性だけでなく色や形にこだわって
コーディネートを楽しみましょう！　冬×ウェーブタイプは、光沢のある
シルバーで小さめ円形フェイスのものを。ブレスレット風につけられる華
奢なタイプが◎。

光沢のある
シルバーの
メタル素材

20mm程度の
小さめ円形フェイス

細めの
チェーンベルト

Watch / シチズン エクシード

着まわしコーディネート14Days

自分に本当に似合うものを選ぶと、「最小限のアイテム」で「最高に似合うコーディネート」をつくることができるようになります。

先ほどのベストアイテム12点をベースに、スタイリングの幅を広げる優秀アイテムをプラスして、冬×ウェーブタイプに似合う14日間のコーディネート例をご紹介します。

● BEST ITEM ●

① ネイビーのパフスリーブTシャツ

④ ホワイトのブラウス

③ ブラックのツインニット

④ ホワイトのフレアスカート

⑤ グレーのテーパードパンツ

⑥ ブラックのワンピース

⑦ ネイビーのショートジャケット

⑧ ネイビーのトレンチコート

⑨ キャンバス地のバニティバッグ

⑩ ブラックのエナメルパンプス

⑪ パール×シルバーの揺れるイヤリング／パール×シルバーのネックレス

⑫ シルバーの腕時計

Ⓐ ホワイトのニット
Knit / KOBE LETTUCE

Ⓑ レッドのニット
Knit / NEWYORKER

Ⓒ ブラック×ホワイトのジレ
Gilet / marvelous by Pierrot

Ⓓ ショッキングピンクの
プリーツスカート
Skirt / KOBE LETTUCE

Ⓔ ブルーデニムのスリム
パンツ
Jeans / marvelous by Pierrot

Ⓕ ブラックのノーカラー
コート
Coat / marvelous by Pierrot

● PLUS ITEM 小物

バッグ

Bag（上グレー）/ marvelous by Pierrot、
（左上ピンク）/ cache cache、（右上ツ
イードパールハンドル）/ RANDA、（左下ブ
ラックキルティング）/ KOBE LETTUCE、
（右下レッド）/ 編集部私物

靴

Boots / FABIO RUSCONI PER
WASHINGTON、Sandals（左シルバー）・
Ballet shoes（左赤）・Flat shoes（中グ
レービジューつき）/ KOBE LETTUCE、Ballet
shoes（右ブラック×ツイード）/ RANDA、
Sandals（右下黒）/ GU（編集部私物）

アクセサリー

Earrings（左上パール×ボールチェーン）
/ Meach.、Earrings（右上お花モチーフ）・
Necklace（お花モチーフ、パール×三日
月モチーフ）/ VENDOME BOUTIQUE、
Earrings（下パール×ダイヤ）、Necklace（下
上パールのみ）/ VENDOME AOYAMA、
Necklace（一番下パール×シルバー）/
marvelous by Pierrot

メガネ・サングラス

Sunglasses / Ray-Ban®（編集部私物）、
Glasses / メガネの愛眼

そのほかの小物

Fur tippet・Stole（パープル）/ FURLA、
Stole（ホワイト、ピンク）/ Luna Luce
Roca、（ブルー）/ 編集部私物、Scarf
（ドット）/ 編集部私物、Beret / NEISHA
CROSLAND

Day1

ブラック×ピンクで華やかさ120%に

無彩色のブラックとビビッドなショッキングピンクは、彩度の差が最も大きい組み合わせ。華やかな着こなしをしたい日におすすめのコントラスト配色です。透かし編みやプリーツなどデザインが甘いので、スタイリッシュな色でもエレガントさが漂うコーディネートに。キャンバス地のバッグとヌーディーなサンダルで抜け感を出して。

③+⑨+⑪+Ｄ

Day2

冬タイプはブラックが似合う唯一のタイプ。その特権を最大限にいかした、全身ブラックのコーディネート。着るだけで美しいXラインが生まれるワンピースなら、立ち姿に自信がもてて自然と笑顔になれるはず。アクセサリーで顔まわりに光を集めたら、鮮やかなレッドのバッグとホワイトのストールでコントラストをつけて。

大切な約束は
ブラックワンピ1枚で潔く

清潔感のある
Day3
ブルー系コーデ

ネイビー×ホワイトは明度の差が大きいため、メリハリのあるすっきりした印象に。ホワイトの面積を増やすと清潔感がアップします。ネイビーと同系色のコバルトブルーのストールがアクセント。曲線的なデザインが似合うウェーブタイプは、パフスリーブやフレアスカートでふんわりとしたシルエットをつくると、かわいらしさもプラスされます。

①+④

Day4

スタンドカラーブラウス、フレアスカート、ファンシーツイードジレでつくるコンサバスタイルを、冬カラーでスタイリッシュに。明度が最も高いホワイト、明度・彩度が最も低いブラック、彩度が最も高いコバルトブルーの3色を合わせることで、コントラストが最大化されて洗練された雰囲気になります。冬×ウェーブタイプならではのテイストミックス。

②+④+⑩+⑪+C

コンサバとスタイリッシュの
絶妙バランス

Day5

ネイビー×グレー×ホワイトは、信頼感を高める上品な配色。華やかな冬タイプなら、ベーシックカラー（定番色）のコーディネートでも地味にならずシックに決まります。ショッキングピンクのバッグ、ツイードのバイカラーバレエシューズなど、冬×ウェーブタイプらしいかわいい小物で遊び心もプラス。仕上げに華奢なメガネをかけてインテリジェントに。

②+⑤+⑦+⑫

シックでかわいい
ジャケットスタイル

Day6

お呼ばれディナーは
ドレッシーに

少しドレス感のある装いをしたいとき
は、スタンドカラーブラウスにサテンの
プリーツスカートを。繊細なデザインや
光沢感がエレガントさを演出してくれま
す。ホワイトの面積が多いので上品なイ
メージもキープ。ファンシーツイードの
バッグやエナメルパンプスなど、ブラッ
ク小物をちりばめるとコーディネートが
引き締まります。

②+③+⑩+⑪+□

オフィスも
保護者会も OK の
きちんとコーデ

Day7

ジャケットとトップスをネイビーでまと
めたら、ホワイトのスカートで軽やかさ
を、明るいベージュで抜け感をプラス。
メリハリがありながらもやさしく上品な
ジャケットスタイルになります。シック
なグレーのバッグには、ウェーブタイプ
が得意なドット柄のスカーフを添えて。
ややハードルが高い柄アイテムも、ス
カーフなら気軽に楽しめます。

①+④+⑦+⑪

Day8

クラシックコンサートは
フォーマル感を意識

ブラックはフォーマルな印象を与える色。ワンピースにジレを重ねれば、優雅なひとときにぴったりな装いに。あえてパンプスではなくバレエシューズを合わせて、こなれた雰囲気を楽しみましょう。モノトーンが主役のコーディネートには、華やかな色のバッグやメイクをプラスするのがポイント。パールのアクセサリーも華やかさと品格を高めてくれます。

6+**11**+**C**

レッド×デニムで小粋なパリジェンヌ風

Day9

レッドのニットは、ブルーデニムと合わせるとさわやかなカジュアルスタイルに。鮮やかな色でも派手になりすぎないおすすめのコーディネートです。デニムにはきれいめなデザインの小物を合わせるのが、おしゃれ見えのコツ。ベレー帽で視線を上げたり、デニムを少しロールアップして足首を見せたり、スタイルアップの工夫もちりばめています。

D + E

モダン配色を
かわいらしくアクティブに

Day10

シックなモノトーンに、レッドのバレエシューズでアクセントをきかせたコーディネート。キャンバス地のバッグで抜け感を、ドット柄のスカーフで遊びをプラスしています。モダンなイメージの配色ですが、デザインでかわいらしさやアクティブさを演出。たくさん歩く忙しい日にもぴったりな、きれいめカジュアルスタイルです。

C + S + O

Day11

デニムにスタンドカラーブラウスを合わせると、テイストがミックスされてこなれた印象に。デニムとトレンチコート、バッグとストール、どちらも同系色の濃淡配色。奥行きのあるコーディネートに仕上がります。強い色が似合う冬タイプですが、カラーパレットには淡いペールカラーも含まれます。やさしい雰囲気を出したいときはストールなどでとり入れると◎。

🥬 + 🟠 + ▦

モノトーンを甘い
Day12
デザインで着こなす

重ね着が得意なウェーブタイプ。透かし編みのツインニットは、そのまま着るだけでボディを華やかにボリュームアップできるうれしいアイテム。ふんわりシルエットのフレアスカートと、ツイードのバイカラーバレエシューズを合わせれば、モノトーンでも甘さの香る冬×ウェーブタイプらしいコーディネートに。ショッキングピンクのバッグでアクセントを足して。

🥬 + 🟤 + ⑪

66

Day13

モノトーン×レッドの配色も、レッドの面積を増やすとよりドラマティックなイメージに。グレーのバッグとベレー帽でコントラストを少し和らげて品もアップ。ウェーブタイプは華奢なブーティが得意ですが、ファー小物などで上半身にボリュームがあるときはショートブーツでバランスをとるのも OK。足首部分が細い華奢なデザインを選べば、骨格にマッチします。

⬤ + ▢

華やかな存在感で
久しぶりの同窓会へ

寒い季節は、
きれい色を
まとって外出

Day14

ダークカラーの冬コーデには、同じブルーベースである夏タイプのカラーパレットからラベンダーをプラス。グッとやわらかい雰囲気になります。グレー以外の濁った色は冬タイプに似合いにくいので、クリアな色を選ぶのがポイント。ストールは肌質に合うやわらかい素材をチョイス。長さを出さずに首もとでまとめるように巻くと、重心が上がってスタイルアップします。

Ⓐ + Ⓑ + Ⓕ

Column

骨格診断がしっくりこない原因は「顔の印象」

ウェーブタイプなのに曲線が似合わない!?

骨格診断をしていると、「体型はウェーブなのに、ウェーブのアイテムがしっくりこない」という方が時々います。

その場合、まず考えられる理由は「顔の印象」。たとえば、目が一重や奥二重、鼻筋がとおっているなど、顔のなかに直線が多く入っている方は、本来ウェーブタイプに似合うはずの曲線的なアイテムが似合いにくいケースがあるのです。

パーソナルカラー診断では「似合う色」を、骨格診断では「似合う形と素材」を見極めますが、加えてサロンでおこなっているのが「似合うファッションテイスト」を見極める『顔診断』。

顔診断では、「顔の縦横の比率」「輪郭や顔のパーツが直線的か曲線的か」「目の形や大きさ」などにより、顔の印象を4つのタイプに分類します。

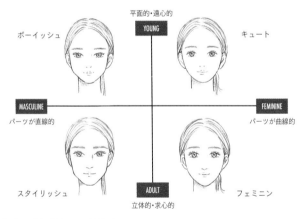

平面的・遠心的 YOUNG

ボーイッシュ　　　　　　　　　　　キュート

MASCULINE　　　　　　　　　　　　　FEMININE
パーツが直線的　　　　　　　　　　　　　　　　パーツが曲線的

スタイリッシュ　　　　　　　　　　フェミニン

ADULT
立体的・求心的

顔の印象に近づける、似合わせのコツ

ウェーブタイプなのにウェーブのアイテムが似合いにくいのは、直線的な「ボーイッシュ」「スタイリッシュ」タイプ。

その場合、顔に近いネックラインやスリーブラインに直線的なデザインをとり入れたり、ややハリのある素材を選んで「かわいい」より「きれいめ」なスタイリングを意識したりすると、しっくりきやすくなります。

大人顔の「スタイリッシュ」タイプの方は、ボトムスの丈を少し長くして大人っぽく仕上げ、顔のイメージと合わせるのもおすすめ。

Chapter 2

なりたい自分になる、
冬×ウェーブタイプの
配色術

ファッションを
色で楽しむ配色のコツ

　ファッションに色をとり入れるのはハードルが高くて、気がつけばいつも全身モノトーン……。そんな方も多いのではないでしょうか？

　でも、自分のパーソナルカラーを知ったいまならチャレンジしやすいはず。ぜひ積極的に似合う色をとり入れて、バリエーション豊かな着こなしを楽しんでいただきたいなと思います。

　この章からは、色のあるアイテムをとり入れるときに役立つ「配色」のコツをご紹介。

　配色とは、2種類以上の色を組み合わせること。相性のいい色同士もあれば、組み合わせるとイマイチな色同士もあり、配色によって生まれる雰囲気もさまざまです。

　すてきな配色に見せる基本ルールを知っておくと、なりたいイメージやシチュエーションに合わせて自在に色を操れるようになり、ファッションがもっと楽しくなります。

すてきな配色に見せるには

　40ページで、色味の違いを「色相」、明度や彩度の違いを「トーン」と呼ぶとお伝えしました。配色で重要なのは、この「色相」と「トーン」の兼ね合いです。

・色相を合わせるなら、
　トーンを変化させる。

・色相を変化させるなら、
　トーンを合わせる。

　これが配色の基本セオリー。どういうことなのか、コーディネートに使える6つの配色テクニックとともにくわしく説明していきますね。

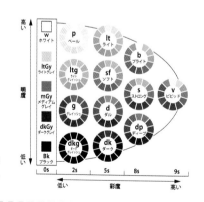

配色テクニック① 色相を合わせる

色相環で近い位置にある色同士（色味が似ている色同士）を組み合わせるときは、トーンを変化させます。たとえばブルー系の色相同士を配色するなら、明度や彩度の異なるブルーを組み合わせる、といった感じ。色相を合わせる配色のことを「ドミナントカラー配色」といいます。

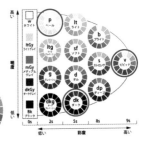

色相環で近い色味でまとめ、トーンは変化をつけて選択。

トーンオントーン

ドミナントカラー配色の中でもコーディネートに使いやすいのが「トーンオントーン配色」。トーンのなかで比較的「明度」の差を大きくつける方法です。色相（色味）のまとまりはありながらも、明るさのコントラストがはっきり感じられる配色です。

 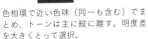

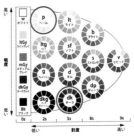

色相環で近い色味（同一も含む）でまとめ、トーンは主に縦に離す。明度差を大きくとって選択。

配色テクニック② トーンを合わせる

色相環で遠いところにある色相同士（色相に共通性がない反対色）を組み合わせるときは、トーンを合わせます。明度や彩度が似ている色同士を組み合わせると、きれいな配色になります。トーンを合わせる配色のことを「ドミナントトーン配色」といいます。

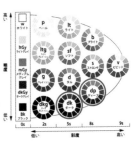

トーン図で近いトーンでまとめ、色相は変化をつけて選択。

色相・トーンを合わせる（ワントーン配色）

色相・トーンともにほとんど差のない色同士をあえて配色することもあります。ファッション用語では「ワントーン」と呼ばれたりもします。専門用語では「カマイユ配色」や「フォカマイユ配色」（カマイユ配色より色相やトーンに少し差をつけた配色）と呼ばれる穏やかな配色で、その場合は異なる素材のアイテム同士を組み合わせるとおしゃれです（実際のコーデで使いやすいように無彩色も含めています）。

色相、トーンともに色相環・トーン図で近い色で選択。

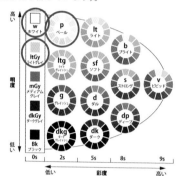

色相・トーンを変化させる（コントラスト配色）

一方、色相やトーンが対照的な色同士を組み合わせると、コントラストがはっきりした配色になります。代表的な配色としては、2色の組み合わせの「ビコロール配色」、3色の組み合わせの「トリコロール配色」があります。

色相やトーンを、色相環・トーン図で離れた色で選択。冬タイプにとくに似合う配色。

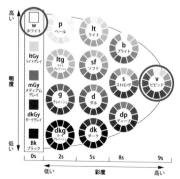

配色テクニック⑤　アクセントカラーを入れる

コーディネートが単調で物足りないときに使うといいのが「アクセントカラー」（強調色）。少量のアクセントカラーをとり入れるだけで、配色のイメージが驚くほど変わります。アクセントカラーは、ベースカラーやアソートカラーの「色相」「明度」「彩度」のうち、どれかの要素が大きく異なる色を選ぶのがポイント。

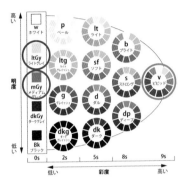

ベース、アソートに対して、反対の要素の色を入れる（この場合はトーン図で横に離れた色＝彩度が反対の色）。

配色テクニック⑥　セパレートカラーを入れる

色と色の間に無彩色（白・グレー・黒など色味のない色）や低彩度色（色味の弱い色）を挟む方法。色相・トーンの差が少ない似た色同士の間にセパレートカラーを挟むと、メリハリが生まれます。また、組み合わせると喧嘩してしまうような色同士の間に挟むと、きれいにまとまります。ニットの裾からシャツを覗かせたり、ベルトをしたり、セパレートカラーを使うときは少ない面積でとり入れるのがポイント。

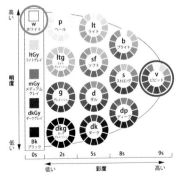

間に白を入れると、コントラストがやわらぎ調和して見える。

どの色を着るか迷ったときは？
色の心理的効果

自分に似合う色を知っていても、どの色を着ればいいのか迷うことがあるかもしれません。そんなときは、「今日1日をどんな自分で過ごしたいか」から考えてみるのはいかがでしょうか。色によって得られる心理効果はさまざま。色の力を借りれば、新しい自分や新しい日常と出会えるかも！

エネルギッシュに過ごしたい日は
RED レッド

炎や血液を彷彿とさせる、エネルギッシュで情熱的なレッド。大脳を刺激して興奮させる効果があります。

・自分を奮い立たせて、やる気を出したい日に
・自信をもって過ごしたい日に
・ここぞという勝負の日に

社交的に過ごしたい日は
ORANGE オレンジ

太陽の光のようにあたたかく親しみがあり、活動的なオレンジ。新しい環境や出会いの場におすすめの色です。

・積極的にコミュニケーションをとりたい日に
・陽気な気分で過ごしたい日に
・カジュアルな着こなしをしたい日に

思いきり楽しく過ごしたい日は
YELLOW イエロー

明るく元気なイメージのイエロー。目立ちやすく、人の注意を引く色なので、信号機や標識にも使われます。

・ポジティブに過ごしたい日に
・まわりから注目されたい日に
・知的好奇心やひらめき力を高めたい日に

リラックスして過ごしたい日は
GREEN グリーン

調和・平和・協調など、穏やかな印象をもつグリーン。自然や植物のように心身を癒やしてくれるヒーリングカラー。

・心身にたまった疲れを癒やしたい日に
・些細なことでクヨクヨしてしまう日に
・穏やかな気持ちでいたい日に

冷静に過ごしたい日は
BLUE ブルー

寒色の代表色で、冷静・信頼・知性などを連想させるブルー。血圧や心拍数を低減させ、気持ちの高揚を鎮める作用があります。

・心を落ち着かせたい日に
・考えごとやタスクが多く、焦っている日に
・理知的な雰囲気を演出したい日に

個性的な自分で過ごしたい日は

PURPLE パープル

古くから高貴な色とされてきたパープル。正反対の性質をもつレッドとブルーからなるため、神秘的な魅力があります。

・我が道を進みたい日に
・ミステリアスな魅力をまといたい日に
・格式高い場所へ行く日に

思いやりをもって過ごしたい日は

PINK ピンク

精神的な充足感を与えてくれるピンク。女性ホルモンであるエストロゲンの働きを高め、肌ツヤをアップさせる作用も。

・まわりの人たちにやさしくしたい日に
・幸福感を感じたい日に
・誰かに甘えたい日に

堅実に過ごしたい日は

BROWN ブラウン

大地のようにどっしりとした安定を表すブラウン。ダークブラウンはクラシックなイメージの代表色でもあります。

・コツコツがんばりたい日に
・自然体でいたい日に
・高級感を演出したい日に

自分を洗練させたい日は

GRAY グレー

日本を代表する粋な色、グレー。「四十八茶百鼠」という言葉があるように、江戸時代の人は100種以上ものグレーを生み出したそう。

・こなれ感を出したい日に
・シックな装いが求められる日に
・控えめに過ごしたい日に

新しいスタートを切りたい日は

WHITE ホワイト

白無垢やウェディングドレス、白衣など、清く神聖なものに使われるホワイト。純粋さや清潔さを感じさせる色です。

・新しいことを始める日に
・素直でありたい日に
・まわりの人から大切にされたい日に

強い自分でありたい日は

BLACK ブラック

強さや威厳、都会的などのイメージをもつブラック。1980年代以降、ファッション界で圧倒的な人気を誇ります。

・強い意志を貫きたい日に
・プロフェッショナル感を出したい日に
・スタイリッシュな着こなしをしたい日に

11色で魅せる、
冬×ウェーブタイプの配色コーディネート

BLUE 1
ブルー

洗練トリコロール配色で
日本初上陸のカフェへ

冬タイプの王道配色、無彩色×ビビッドカラー。ホワイトのケープカラーTシャツにコバルトブルーのマーメイドスカートを合わせて、色はクール、デザインは甘めの洗練スタイルに。スカートと同じトーンの鮮やかなグリーンをバッグでとり入れると、コントラストの強い3色でつくるトリコロール配色が完成。感度の高い友人たちと話題のグルメを楽しむ日に。

トリコロール配色
鮮やかバッグがアクセント
シルバーサンダルで涼しげに

④色相・トーンを変化させる

T-shirt, Skirt, Sandals / KOBE LETTUCE
Bag / 編集部私物
Earrings / VENDOME BOUTIQUE
Watch / シチズン エクシード

BLUE 2

<small>ブルー</small>

ギンガムチェックを
シックに着て街歩き

ウェーブタイプが得意なギンガムチェックは、モノトーンを選ぶと大人っぽさがアップ。ロイヤルブルーのカーディガンを合わせればさらにシックな装いになります。コンパクトなファーマフラー、チェーンのキルティングバッグ、バレエシューズなど、小物で甘さをプラス。パールのピアスをカーディガンのボタンとリンクさせて、さりげないこだわりを楽しんで。

\# ギンガムチェックを大人っぽく
\# 甘さ漂うパンツスタイル
\# たくさん歩く日はバレエシューズ

> ④色相・トーンを変化させる

Knit / marvelous by Pierrot
Pants / 編集部私物
Ballet shoes / 卑弥呼
Bag / KOBE LETTUCE
Fur tippet / FURLA
Earrings / Mydress
Watch / シチズン クロスシー

似合うブルーの選び方

クリアで鮮やかなブルーを選んで。英国王室のオフィシャルカラーとしても知られているロイヤルブルーは、やや紫みのある濃く鮮やかなブルー。冬タイプのクールでスタイリッシュな魅力をより引き出してくれる、おすすめの色です。濁りの強いブルー、緑みを感じるライトターコイズなどは、地味な印象になったり肌が黄色く見えたりしてしまうため、顔まわりは避けましょう。

似合うブルー

ロイヤルブルー　　トゥルーブルー　　ペールブルー

苦手なブルー

スモーキーターコイズ　ライトターコイズ　ダークターコイズ

PINK 1

ピンク

友人が経営する北鎌倉の
ギャラリーを訪ねる

ちょっと遠出する日はビビッドカラー
に挑戦するチャンス。1色で存在感のあ
るチェリーピンクは、無彩色のホワイ
トと合わせるとすっきりまとまります。
ウェーブタイプの鉄板、パフスリーブ
ニット×フレアスカートで可憐に。シル
バーのバッグでスパイスを足し、ブラッ
クのサンダルで全体を引き締めたら、ピ
ンク系ダークブラウンのサングラスでセ
レブ風に。

ピンクを思いきり楽しむ
ふんわり X ラインシルエット
小物はクールな色で

④色相・トーンを変化させる

Knit, Sandals / KOBE LETTUCE
Skirt / marvelous by Pierrot
Bag / cache cache
Earrings, Necklace / VENDOME BOUTIQUE
Sunglasses / Zoff

PINK 2
ピンク

こなれたパンツスタイルで
冬服を買いに行く

青みの強いショッキングピンクも冬タイ
プならお手のもの。ちょっとハードルが
高いと感じたら、ボトムスからとり入れ
てみて。グレーのアンゴラニットやブ
ラックの小物を合わせるとシックに着こ
なせます。シルバーのチェーンがついた
キルティングバッグは、肩からかけるだ
けで顔まわりが華やぐ、アクセサリー効
果のあるおすすめアイテム。

青みピンクでスタイリッシュに
アクセ代わりのチェーンバッグ
ブラック小物で引き締め

④色相・トーンを変化させる

Knit / marvelous by Pierrot
Pants / ROYAL PARTY LABEL
Pumps / RANDA
Bag / KOBE LETTUCE
Fur tippet / FURLA
Earrings / VENDOME AOYAMA
Watch / シチズン エクシード

似合うピンクの選び方

もち前の黒髪やコントラストの強い瞳と
調和する、鮮やかなショッキングピンク
やマゼンタがおすすめ。青みの強い鮮や
かなピンクには、フェイスラインをすっ
きり見せる効果も。肌にも透明感が出て、
冬タイプの凛とした魅力がアップしま
す。黄みの強いピーチや濁りのあるサー
モンピンクは肌がくすんでしまうため、
できるだけ避けたほうがベターです。

似合うピンク

チェリーピンク　　ショッキングピンク　　マゼンタ

苦手なピンク

ピーチピンク　　サーモンピンク　　コーラルピンク

GREEN 1

グリーン

大人リゾートコーデで
宮古島のヴィラへ

リゾートでは、スリムな太ももが美しく見えるショートパンツにぜひ挑戦してみて。深みのあるパイングリーンも、ホワイトと合わせるとコントラストがきいてさわやかに。ハイネックは苦手なウェーブタイプですが、腕や脚を出すときは胸もとが詰まっているほうが上品。襟が高すぎないボトルネックを選び、鎖骨の長さのネックレスを重ねてバランスを整えましょう。

深みカラーをさわやかに着る
大人かわいいミニ丈
ストローハットもホワイトで

④色相・トーンを変化させる

Knit, Hat / 編集部私物
Short pants / KOBE LETTUCE
Sandals / welleg
Bag / cache cache
Scarf / 編集部私物
Earrings, Necklace / VATSURICA
Sunglasses / Ray-Ban®（編集部私物）

GREEN 2

キュートさも忘れない
ハンサムスタイル

マラカイトグリーンのテーパードパンツ
を主役に、少し光沢のあるチャコールグ
レーのショートジャケットでハンサムに
決めたコーディネート。グリーンと相性
のいいレモンイエローをバッグで足し
て、元気なアクセントに。クールな着
こなしも、ベレー帽やシフォンづかいの
トップス、Tストラップパンプスなどで
かわいらしく味つけすると◎。

\# グリーンパンツで洗練度アップ
\# グリーン×イエローは好相性
\# 甘さも忘れずに

> ④色相・トーンを変化させる

Knit / YECCA VECCA
Jacket / NEWYORKER
Pants, Bag / 編集部私物
Pumps / MAMIAN
Stole / Luna Luce Roca
Beret / NEISHA CROSLAND
Earrings / MISTY
Necklace（チェーン短いほう）/ VATSURICA
Necklace（パールつき）/ marvelous by Pierrot

似合うグリーンの選び方

冬タイプの華やかで凛とした魅力を引き
出してくれるのは、ビビッドなグリーン
や、クレオパトラが愛用したといわれる
マラカイトグリーン。深い青緑系がよく
似合いますが、涼しげな雰囲気を出した
いときは、薄いペールグリーンもおすす
め。同じ深い色でも、黄緑系で濁りのあ
るオリーブグリーンだと地味になってし
まうため、注意が必要です。

似合うグリーン

マラカイトグリーン　　トゥルーグリーン　　ペールグリーン

苦手なグリーン

オリーブグリーン　　マスカットグリーン　　パステルイエローグリーン

PURPLE 1
パープル

アマン東京でリュクスな
誕生日ディナー

真っ白なフリルのスタンドカラーブラウスは、冬×ウェーブをとびきり華やかにしてくれる1着。鮮やかなマゼンタのパンツを合わせたら、夜景の見えるホテルレストランが似合うリュクスな装いに。ホワイト×マゼンタ×ブラックは、明度・彩度ともに最大のコントラストがついた洗練配色。ふんわりとしたグレーのベレー帽でかわいい抜け感をつくるとおしゃれ度アップ。

\# リッチなコントラスト配色
\# 足首を見せて重心アップ
\# ベレー帽でかわいらしく

④色相・トーンを変化させる

Blouse / marvelous by Pierrot
Pants / Attenir
Belt / 編集部私物
Pumps / RANDA
Bag / KOBE LETTUCE
Beret / NEISHA CROSLAND
Earrings / MISTY
Watch / シチズン エクシード

PURPLE 2
パープル

子どものバレエ発表会は
クラシカルに

深みのある赤紫は、ネイビーと合わせるとクラシカルで落ち着いた印象に。ウェーブタイプは小さいリボンやフリルが得意ですが、ボウタイプブラウスを大きめに結んで華やかにすると、冬タイプのはっきりした顔立ちと調和します。スカートと同系色のペールピンクをストールでとり入れて奥行きを出したら、バッグはあえて辛めのシルバーで甘さを調節して。

落ち着いた着こなしをしたい日に
華やかリボン結び
便利なペールカラーストール

④色相・トーンを変化させる

Blouse, Bag / KOBE LETTUCE
Cardigan, Skirt / marvelous by Pierrot
Pumps / 卑弥呼
Stole / Luna Luce Roca
Earrings / Meach.

似合うパープルの選び方

濁りのないパープルがよく似合います。赤紫系はエレガントに、青紫系は高貴なイメージになるので、シーンに合わせて使い分けましょう。淡いペールバイオレットから暗いロイヤルパープルまで幅広く着こなすことができ、上品な凛とした魅力がアップします。パープルを選ぶなら、とにかく濁っていないものを選ぶのが最重要ポイントです。顔にあててぼんやり見えたら濁っている色のサイン。鏡でじっくり確かめてみて。

似合うパープル

ラズベリー　　　ロイヤルパープル　　ペールバイオレット

苦手なパープル

レッドパープル　　ディープバイオレット　クロッカス

[Chapter 2] なりたい自分になる、冬×ウェーブタイプの配色術　　83

GRAY 1

<ruby>グレー</ruby>

"かわいい" を楽しみたい日の
ワントーンコーデ

パフスリーブのトップスに膝下丈のフレ
アスカート。フレッシュでかわいいデザ
インを楽しみたい日は、クールな色づか
いでバランスをとるのが大人のおしゃ
れ。明度の差がほとんどないライトグ
レー×ホワイトのワントーンコーデは、
まとまりが出て上品な印象になります。
シルバーのキルティングバッグとブラッ
クのサングラスでキリッと仕上げて。

大人かわいいワントーン
膝下丈スカートで重心アップ
モノトーンもおしゃれに決まる

③色相・トーンを合わせる

T-shirt / marvelous by Pierrot
Skirt, Bag / KOBE LETTUCE
Sandals / welleg
Earrings, Neckless / VENDOME BOUTIQUE
Sunglasses / Zoff
Watch / シチズン エクシード

GRAY 2
グレー

繊細なレイヤードで
アンティークショップめぐり

グレーのキャミソールワンピースは着まわし力抜群。スリムなシルエットでやわらかい素材のものを選んで。襟や袖口にレースがあしらわれたブラウスを合わせて、冬×ウェーブタイプの魅力を引き立てます。ブラックの細身ショートブーツで無彩色のグラデーションをつくったら、コロンとしたレッドのバッグで上品なアクセントを加えましょう。

#1着あると重宝するキャミワンピ
#無彩色グラデ
#大切に着たいレースブラウス

⑤アクセントカラーを入れる

Blouse / marvelous by Pierrot
One piece / UNIQLO（編集部私物）
Boots / FABIO RUSCONI PER WASHINGTON
Bag / 編集部私物
Stole / Luna Luce Roca
Beret / NEISHA CROSLAND
Earrings / VATSURICA

似合うグレーの選び方

濁った色が苦手な冬タイプですが、ホワイトとブラックだけを混ぜた無彩色のグレーであればシックでモダンなイメージになります。なるべく色味を感じないシンプルなグレーを選びましょう。明るいグレーはやわらかくやさしい雰囲気に、暗いグレーは大人っぽくカッコいいイメージになるので、なりたい雰囲気や気分に合わせてとり入れて。

似合うグレー

ライトグレー　　ミディアムグレー　　チャコールグレー

苦手なグレー

ライトブルーグレー　チャコールブルーグレー　ウォームグレー

YELLOW
イエロー

夜 の 水 族 館 は
クールカジュアルで

レモンイエローの細身クロップドパンツ
は、カジュアルなお出かけにぴったり。
ホワイトのフリルブラウスに、イエロ
ーの反対色であるブルーのカーディガ
ンを肩かけして、冬タイプらしいコン
トラストを楽しんで。バッグはカーディ
ガンと同系色のネイビーをセレクト。ク
リアな色だけでまとめているので、キレ
のあるクールカジュアルスタイルに仕上
がります。

肩かけカーデをアクセントに
クールカジュアル配色
ネイビーバッグで奥行きをプラス

④色相・トーンを変化させる

Blouse / KOBE LETTUCE
Cardigan / NEWYORKER
Pants / ROYAL PARTY LABEL
Pumps / 編集部私物
Bag / RANDA
Earrings / VATSURICA
Sunglasses / Ray-Ban® (編集部私物)
Watch / シチズン クロスシー

似合うイエローの選び方

「ブルーベースは黄色が似合わない」と
思われがちですが、そんなことはありま
せん。クリアでビビッドな色が得意な冬
タイプは、レモンのような、黄緑を感じ
る鮮やかな蛍光カラーが似合います。苦
手なのは、濁りのあるマスタードやオレ
ンジに近いゴールド。肌に赤みが出て見
えてしまいます。

似合うイエロー

レモンイエロー　　ペールイエロー

苦手なイエロー

マスタード　　ゴールド　　ゴールデンイエロー

RED
レッド

ワインレッドでつくる
パーティースタイル

ラグジュアリーに着飾りたいときは、深みのあるワインレッドを。ノースリーブニットとブラックのチュールスカートで大人の華やかさを演出しましょう。暗い色のトップスには、顔まわりに光を集めるパールのアクセサリーを忘れずに。バッグは服の色をリンクさせるとおしゃれに見えます。ファーで素材感に変化をつけて、遊び心のあるおめかしコーデに。

大人のパーティースタイル
フィット＆フレアの美シルエット
アクセで美肌に

①色相を合わせる

Knit, Skirt / YECCA VECCA
Sandals / GU（編集部私物）
Bag / cache cache
Stole / Luna Luce Roca
Earrings, Necklace / VENDOME BOUTIQUE
Watch / シチズン エクシード

似合うレッドの選び方

凛とした華やかさのある冬タイプには、鮮やかで少し深い真紅や、赤紫に黒が入ってできるワインレッドがよく似合います。暗い色であっても赤紫系のレッドであれば、肌の透明感が出てきれいに見えるのでおすすめです。反対に、黄みを感じる朱赤や、濁りのあるレンガ色は苦手な色。肌が黄色くくすんで地味に見えてしまいます。

似合うレッド

トゥルーレッド　　ブルーレッド　　ワインレッド

苦手なレッド

オレンジレッド　クリアオレンジレッド　レンガ

BLACK
<ruby>ブラック</ruby>

スイーツビュッフェは
ブラックを甘く着こなして

クールなイメージのブラックですが、フリルが施されたとろみワンピースなら、冬×ウェーブらしい甘い雰囲気に。ピンドット柄もモノトーンだと子どもっぽくなりません。グレーのベレー帽とホワイトのファーバッグで季節感をアップしたら、仕上げはマゼンタのストール。大人っぽい青みピンクがエレガントさをプラスしてくれます。

\# 可憐なブラックワンピ
\# 季節感を盛り上げるファー小物
\# 大人ピンクでエレガントに

④色相・トーンを変化させる

⑤アクセントカラーを入れる

One piece / ROYAL PARTY LABEL
Flat shoes / welleg
Bag / Faviora faux fur
Stole / tsukisou
Beret / NEISHA CROSLAND
Earrings, Necklace / VENDOME BOUTIQUE
Watch / シチズン エクシード

似合うブラックの選び方

「黒は万能」というイメージがありますが、じつは誰にでも似合う色ではないんです。春・夏・秋・冬の4タイプのなかでも、ブラックが似合うのは冬タイプのみ。華やかな顔立ちだからこそ、強いブラックでもスタイリッシュに着こなすことができ、もち前の黒髪や瞳がより美しく見えます。色あせたようなブラックよりも、はっきりしたブラックを選ぶのがポイントです。

似合うブラック

ブラック

NAVY

ネイビー

シックな花柄で
仕事中も気分を上げる

コーディネートを品よく彩ってくれる、モノトーンの花柄スカート。ネイビーのボウタイブラウスと合わせれば、きちんと感もキープ。トップスとボトムスの明度の差が大きいほどメリハリが生まれます。服の色と小物をリンクさせるテクニックも、服より鮮やかな同系色を選ぶと華やかなアクセントに。ロイヤルブルーのストールで着こなしが一気に華やぎます。

柄ものをネイビーで上品に
花柄は少し大きめ
品格を高めるロイヤルブルー

① 色相を合わせる

⑤ アクセントカラーを入れる

Blouse / ROYAL PARTY LABEL
Skirt, Bag / 編集部私物
Pumps / MAMIAN
Stole / 編集部私物
Earrings / Meach.
Watch / シチズン エクシード

似合うネイビーの選び方

ネイビーはブラックに次いで、冬タイプの得意なベーシックカラー。とくに暗めの濃紺は、フェイスラインをすっきりさせてくれるのでおすすめです。青紫を感じるくらいのダークネイビーも似合います。黄みを含んだ明るいネイビーは、顔がくすんで見えてしまい、冬タイプの華やかでスタイリッシュなイメージが薄れてしまうので気をつけて。

似合うネイビー

ネイビーブルー

ダークネイビー

苦手なネイビー

ライトネイビー

マリンネイビー

ピュアホワイトで
凛とした美しさを

真っ白なプリーツワンピースは、冬×ウェーブのためにあるといっても過言ではない1着。凛とした美しさを存分に引き出したい日に着てほしいアイテムです。合わせる小物はネイビーのバッグと、同系色のロイヤルブルーのストール。寒色の濃淡配色なら甘すぎずさわやかになります。足もとはグレーのビジューつきパンプスでやわらかく仕上げて。

\# 特別な日にはピュアホワイト
\# 風になびく繊細なプリーツ
\# 寒色小物でさわやかに

①色相を合わせる

⑤アクセントカラーを入れる

One piece / 編集部私物
Flat shoes / welleg
Bag / RANDA
Stole / 編集部私物
Earrings, Necklace / VENDOME BOUTIQUE

似合うホワイトの選び方

ブラックと同様に、混じりけのないピュアなホワイトが似合う唯一のタイプ。真っ白はとても強い色なので、色の強さに負けない華やかな顔立ちの冬タイプだからこそ美しく着こなせます。レフ板効果が高く、身につけるとフェイスラインがすっきり見えるのもうれしいポイント。黄みのあるアイボリーやバニラホワイトは顔がくすんで見えてしまいます。

似合うホワイト

ピュアホワイト

苦手なホワイト

アイボリー　　　　バニラホワイト

BEIGE
ベージュ

ブラックの力を借りて
"似合う"にアップデート

キャメルなどのベージュ系があまり得意
ではない冬タイプ。でも、顔から離れた
ボトムスなら大丈夫。得意な色・柄・素
材が詰まった、ブラックのドット柄シ
アーブラウスを合わせれば、こなれたパ
ンツスタイルに仕上がります。足もとも
キャメル×ブラックで大人かわいく。ホ
ワイトのバッグとストールで抜けをつ
くったら、オケージョンもOKのコー
ディネートに。

#おしゃれなキャメルはボトムスで
#顔まわりは得意アイテムで固める
#ホワイトで抜け感を

④色相・トーンを変化させる

Blouse / ROYAL PARTY LABEL
Pants / GU（編集部私物）
Ballet shoes, Bag / RANDA
Stole / Luna Luce Roca
Earrings / VENDOME BOUTIQUE
Necklace / marvelous by Pierrot
Watch / シチズン エクシード

似合うベージュの選び方

着まわしやすい万能カラーというイメー
ジのあるベージュですが、ブルーベース
の冬タイプはじつは苦手な色。黄みの強
い色を身につけると、顔が黄色くくすん
でぼんやり見えてしまいます。ベージュ
系を着たいときはグレーがかったベー
ジュならOK。黄みのベージュはボトムス
でとり入れて、トップスを得意なブラック
などにするとおしゃれに決まります。でき
るだけくすみの少ないベージュを選んで。

似合うベージュ

グレーベージュ

苦手なベージュ

ベージュ　　　キャメル　　　ライトウォームベージュ

Column

「似合う」の最終ジャッジは試着室で

買う前に試着、していますか？

　さまざまなファッション理論をもとに「似合う」の選びかたをお伝えしてきましたが、いざ購入する前にできるだけしていただきたいこと、それは「試着」です。

　人の肌の色や休のつくりは、パーソナルカラーや骨格タイプが同じ方でもおひとりずつ微妙に異なります。アイテムの色や形やサイズ感が自分に本当に似合うかどうかは、実際に身につけてみなければ厳密にはわかりません。

　いまは、オンラインストアの商品を自宅や店舗で試着できるサービスもありますので、できれば購入前に試してみることをおすすめします。

　試着しても自分に似合っているのかどうかイマイチわからないという方は、下のチェックリストをぜひ参考にしてみてください。

冬×ウェーブタイプの試着チェックリスト

事前準備

☐ 着脱しやすい服で行く
☐ 普段の外出時につける下着をきちんと身につける
☐ コーディネートしたい服や靴で行く
☐ 合わせ鏡で後ろ姿まで見えるように、手鏡を持参する
　（スマホのインカメラでもOK。購入前の商品の撮影は
　　マナー違反になる場合があるため注意）

冬タイプのチェックリスト

☐ 肌に透明感が出てすっきり
　して見えるか

☐ アイテムの色に黄みがあり、
　顔が黄色くくすんでいないか

☐ アイテムの色に濁りがあり、
　顔がぼんやり見えていないか

**ウェーブタイプの
チェックリスト**

☐ （トップス・ボトムス）
　ゆったりしすぎて、服に着られ
　た印象になっていないか

☐ （トップス・ボトムス）
　素材がシンプルすぎたり、
　かたすぎたりしていないか

☐ （トップス）
　胸もとあたりが
　寂しい印象になっていないか

☐ （トップス）
　前に屈んだとき、
　胸もとがパカパカあいて
　しまわないか

☐ （ボトムス）
　腰の横張りが目立たないか

☐ （ボトムス・ワンピース）
　ハイウエストで脚が長く見えるか

Chapter 3

冬 × ウェーブタイプの
魅力に磨きをかける
ヘアメイク

冬×ウェーブタイプに似合う
コスメの選び方

最高に似合う鉄板メイクを見つけよう

顔に直接色をのせるメイクは、パーソナルカラーの効果を実感しやすい重要なポイント。似合う服を着ていても、メイクの色がイマイチだと「似合う」が薄れてしまいます。

逆にいうと、本来得意ではない色の服を着たいときや着けなければいけない事情があるときは、メイクを似合う色にすれば服の色の影響を和らげることが可能。とくにチークとリップを似合う色で徹底するだけで、顔色がよくなりいきいきと輝きます。

「コーディネートに合わせてメイクも変えなくては」と思っている方も多いかもしれませんが、自分に最高に似合う鉄板メイクが見つかれば、毎日同じメイクでも大丈夫。決まったコスメを使っていればいつもきれいでいられるなんて、忙しい日常を送る私たちにはうれしいですよね。

もちろん、自分に似合うメイクパターンをいくつかもっておいて、コーディネートやシーンに合わせて使い分ける楽しみもあります。どちらでも、ご自身に合うメイク方法を試してみてください。

冬×ウェーブタイプがコスメを選ぶときのコツ

肌の色はさまざまな冬タイプですが、濃い髪色、目力のある真っ黒な瞳、パーツが大きめでくっきりとした顔立ちの方が多いため、華やかなコスメカラーが似合います。

真紅、ワインレッド、ショッキングピンクなどの色も、派手になりすぎずむしろ洗練されるのが冬タイプの魅力。黄みや濁りのある色は避け、青みを感じるクリアな色を選びます。ラメやパールのキラキラ感、ツヤ感や透け感も得意。

顔が華やかなので、メイクは引き算がポイント。アイメイクを強めにしたいときはシアーなリップで軽さを出したり、鮮やかなリップをつけたいときはアイシャドウの色味を抑えたり。

全体のバランスを整えると、あか抜けメイクに仕上がります。

おすすめのメイクアップカラー

アイシャドウ

赤紫系や紫系など、エレガントで華やかな色が似合います。ブラウン系なら、グレーがかったブラウンや赤みのブラウンがおすすめ。黄みのブラウンやゴールドは顔が黄色くくすむので苦手。

ペールバイオレット　グレイッシュブラウン　レッドパープル

ペールピンク　チェリーピンク　ワインレッド

チーク

鮮やかなローズピンクやフューシャピンクなど、青みのあるクリアなピンクをつけると肌の透明感がアップして見えます。くすんだオレンジ系やブラウン系は、顔がぼんやりした印象になるので注意。

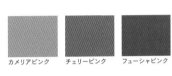

カメリアピンク　チェリーピンク　フューシャピンク

リップ

青みのあるクリアな色なら、鮮やかな色から深みのある色まで似合います。シーンに合わせて使い分けるのもおすすめ。黄みの強い色は顔が黄ぐすみし、淡いパステルカラーは物足りない印象になります。

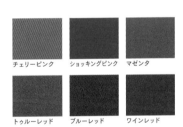

チェリーピンク　ショッキングピンク　マゼンタ

トゥルーレッド　ブルーレッド　ワインレッド

アイブロウ・アイライナーなど

髪や瞳の色と調和するブラック、またはグレー系や赤み系のブラウンがおすすめ。黄みのあるブラウンは避けましょう。

チャコールブラウン　チャコールグレー　レッドパープル

品格あふれる赤紫系メイク

大人っぽさとかわいらしさを兼ね備え
た、深みのある赤紫系カラー。冬×
ウェーブタイプの華やかな品格を存分
に引き出してくれるメイクアップカ
ラーです。つけるだけで肌の透明感が
アップし、黒い髪や眉や瞳がキラキラ
輝いて見えます。

基本ナチュラル
メイク

アイシャドウ

DIOR

ディオールショウ サンク
クルール 879 ルージュ
トラファルガー

赤〜赤紫系の色が入ったア
イシャドウパレットは、美し
い発色が魅力。まぶたにの
せると上品に輝きます。冬タ
イプなら派手にならず、華や
かな顔立ちがより魅力的に。

チーク

ADDICTION

アディクション ザ ブラッシュ
008P Fuchsia Berry (P)
フューシャ ベリー

クリアな青みのローズピンク
で、透きとおるような肌に。
赤〜赤紫系のアイシャドウと
も好相性です。冬×ウェーブ
タイプが得意なツヤ感を出
せるパール入り。

リップ

DECORTÉ

ルージュ デコルテ 30
Promise ring

青みを感じる赤紫系の深い
ラズベリーレッドなら、大人
のかわいさが引き立つ唇に
仕上がります。光りすぎない
適度なツヤ感も◎。色が強く、
発色のいいリップを選ぶとき
は、ツヤ感を少し抑えた上
品なタイプがおすすめです。

アイシャドウ
LUNASOL
アイカラーレーション 03
Butterfly Wing

クリアな色でコントラストを
きかせた配色が似合う冬タ
イプ。メイクでもコントラス
ト配色にぜひトライしてみて。
紫、チェリーピンク、ハイラ
イト用のピュアホワイト（真っ
白）が入ったアイシャドウパ
レットなら、印象的な目もと
がより華やぎます。赤みの
ダークブラウンを締め色に
使ってスタイリッシュに。

チーク
THREE
THREE チーキーシーク
ブラッシュ 05
FEELING THE FLOW

冬×ウェーブタイプの鉄板チー
クカラー、ローズピンク系で透
明感アップ。見た目はちょっ
と派手に見えるかもしれませ
んが、肌にのせるとよくなじ
み、上品な華やかさが生ま
れます。

リップ
rom&nd
グラスティングメルティング
バーム 07 MAUVE WHIP

アイシャドウとチークに鮮や
かな色を使ったら、リップは
ワインレッド系で大人っぽ
く。シアータイプなので、深
みのある色でも重くならず抜
け感が出ます。うれしい高
保湿タイプで潤いもキープ。

オフィス OK の
シックなメイク

アイシャドウ

Ririmew

IN THE MIRROR EYE
PALETTE インザミラーアイ
パレット 03 WINTER GRAY

オフィスにもなじむシックな
目もとにするなら、淡いベビー
ピンク、グレイッシュな赤紫
系ブラウンが入ったアイシャド
ウパレットがおすすめ。シル
バー×ピンクラメ入りのカラー
もあり、スタイリッシュなか
わいらしさをプラスできます。
ブラウンやベージュ系を選ぶ
ときはとにかく色味に気をつ
けて、黄みを感じないグレーっ
ぽい色を選んで。

チーク

excel

オーラティック ブラッシュ
AB04 シャイガール

クリアな青みのローズピンク。
グラデーションタイプは色味
の強さを調整できて便利で
す。色味を強くのせるほど、
肌の透明感がアップして高
貴な印象に。オフィスメイク
にもお出かけメイクにも使え
る優秀チーク。

リップ

Visee

ネンマクフェイク ルージュ
RO650 チェリーの自惚れ

淡い色のアイシャドウで抜け
を出したら、リップは深みの
あるチェリーレッドで。リッ
プが淡い色だと顔全体がぼ
やけて見えてしまうので注意
を。

冬×ウェーブタイプに似合う
ヘア&ネイル

**本命ヘアは、
黒髪をいかしたゆるふわスタイル**

　顔まわりを縁どる髪は、服やメイクとともにその人の印象を大きく左右します。パーソナルカラーのセオリーをヘアカラーに、骨格診断のセオリーをヘアスタイルにとり入れて、もう一段上の「似合う」を手に入れましょう！

　冬タイプは黒髪がとても似合うので、地毛のままでもすてきです。カラーリングするならレッドパープルやブルーアッシュがおすすめ。ハイライトやインナーカラーも、赤紫・青紫系やグレーアッシュだとマッチします。明るいイエロー系やオレンジ系は、肌が黄ぐすみして見えてしまうので注意を。

　ウェーブタイプに似合うヘアスタイルは、曲線的でふんわり軽やかなスタイル。華奢な骨格とマッチします。レイヤーを入れたり、ヘアアイロンでゆるく巻いたり、エアリーに仕上げるのがポイント。

[**おすすめのヘアカラー**]

ワインレッド　　　　　レッドパープル

バイオレット　　　　　ブルーグレー

ブルーアッシュ　　　　ブラック

[**おすすめのネイルカラー**]

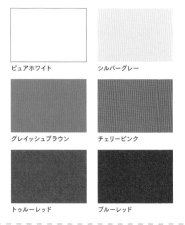

ピュアホワイト　　　　シルバーグレー

グレイッシュブラウン　チェリーピンク

トゥルーレッド　　　　ブルーレッド

Short

毛束感がおしゃれな
ショートヘア

ショートヘアの場合も、ゆるく
カールさせた曲線的なシルエッ
トがお似合い。適度に毛束感
を出して、品のあるおしゃれヘ
アに。赤みのダークブラウン
が知的な雰囲気を演出します。

Medium

韓国風くびれ
ミディアムヘア

顔まわりの緩やかな曲線と、
毛先の軽やかなカールが◎。
冬タイプはしっかりした髪質の
方が多いので、大きめにカー
ルすると抜け感アップ。くるく
る巻きすぎないように注意を。

長めバングの
ゆるふわロングヘア

長めの前髪を大きくワンカール
して、顔まわりに曲線をプラス。
もち前の黒髪も相まって、大
人っぽく上品なスタイルになり
ます。残りの髪も巻きすぎずに、
ゆるふわウェーブに仕上げて。

Arrange

黒髪がかわいい！
編み込みアレンジ

黒髪の編み込みは、タイトに
せずふんわり崩すと大人のかわ
いらしさがアップ。顔まわりに
残した髪もゆるく巻いて、やさ
しい印象に。パッツン前髪も
知的に決まるのは冬×ウェーブ
ならでは。

Nail

シックな
ツイードネイル

ウェーブタイプが得意なツイードデザイン。明るいグレージュ×グレイッシュブラウンと合わせて大人っぽく。全体的に明るめでコントラストを抑えているので、モノトーン系でもオフィスやきちんとしたシーンになじみます。

大人かわいい
ピンク系ネイル

甘すぎない青みのチェリーピンクをベースに、涼しげなホワイト×シルバーホイルをアクセントでプラス。コントラスト配色で、かつキラキラした輝きも忘れない、冬×ウェーブの「似合う」が詰まったネイルです。

宝石箱のような
クリアネイル

クリアネイルに、シルバーやオーロラのホロ、シルバーラメ、パールなどをミックス。ヌーディーなサンダルと合わせたい、キラキラ輝くフットネイルです。カラーレスなので、鮮やかな色の服ともぶつかりません。

Epilogue

　本書を最後まで読んでくださってありがとうございました。

　あなたの魅力を輝かせる『パーソナルカラー×骨格診断別　似合わせ
BOOK』。

　個性を引き出す、ファッションやヘアメイク、ネイルをご覧いただきいか
がでしたでしょうか。

　「パーソナルカラー×骨格診断」。この2つのセオリーは、あなたがすで
にいま、持っている魅力や個性を引き出し、より美しく輝かせるものです。
もちろん、ファッションは楽しむものなので、セオリーに縛られることなく、
自由に服選びを楽しんでいただければと思います。

　でも、あまりにも多くの情報があふれるいま、つい、自分にないものを
求めてしまったり、他の人と比べてしまうことも、もしかしたらあるかもし
れません。

　そんなふうに何を着たらよいか迷ってしまったときに、この本が、あな
たらしいファッションに気づく、ひとつのきっかけになればとてもうれしく
思います。

　私のサロンに来られるお客さまは、パーソナルカラーと骨格診断に合っ
た色やデザインの服、メイクを実際にご提案すると「今までこんな服やメイ
クはしたことがなかったです！」「私は、本当はこういう服が似合うんです
ね！」と驚かれる方もたくさんいらっしゃいます。朝に来店されたときとは
見違えるほどすてきになった姿を、数えきれないくらい目にしてきました。

　自分自身を知り、それを最大限にいかすことは、「あなたらしい、身に
着けていて心地よいファッション」を叶える近道になると思います。

　色とりどりの服やコスメは、それを目にするだけで、私たちをワクワク
した気持ちにさせてくれます。色とファッションのもつパワーを味方につけ
て、ぜひ、毎日の着こなしを楽しんでくださいね。

毎朝、鏡に映るあなたの顔が、これからもずっと、幸せな笑顔であふれますように。

　最後になりますが、この12冊の本を制作するにあたり、本当に多くの方に、お力添えをいただきました。
　パーソナルカラーと骨格診断のセオリーにマッチした、膨大な数のセレクトアイテム。その全商品のリースを、一手に引き受けてくださったスタイリストの森田さん。根気よく置き画制作を担当してくださった、佐野さんはじめ、スタイリストチームのみなさん。すてきな写真を撮ってくださったフォトグラファーのみなさん、抜けのある美しいメイクをしてくださったヘアメイクさん、頼りになるディレクターの三橋さん、アシストしてくださった鶴田さん、木下さん、すてきな本に仕上げてくださったブックデザイナーの井上さん。
　そして、本書の編集をご担当いただきました、サンクチュアリ出版の吉田麻衣子さんに心よりお礼を申し上げます。特に吉田さんには、この1年、本当にいつもあたたかく励ましていただき、感謝の言葉しかありません。最高のチームで、本づくりができたことに感謝の気持ちでいっぱいです。

　また、アイテム探しを手伝ってくれた教え子たち、そして、この1年、ほとんど家事もできないような状態の私を、何もいわずにそっと見守ってくれた主人と息子にも、この場を借りてお礼をいわせてください。本当にありがとう。

　たくさんのみなさまのおかげでこの本ができあがりました。本当にありがとうございました。

2024年3月　海保 麻里子

協力店リスト

＜衣装協力＞

・Attenir
（アテニア）
https://www.attenir.co.jp/index.html

・YECCA VECCA
（イェッカ ヴェッカ）
https://stripe-club.com/yeccavecca

・VENDOME AOYAMA
（ヴァンドームアオヤマ）
https://vendome.jp/aoyama

・VENDOME BOUTIQUE
（ヴァンドームブティック）
https://vendome.jp/vendome_boutique

・welleg
（ウェレッグ）
https://welleg.jp

・cache cache
（カシュカシュ）
https://www.unbillion.com/brand/
cachecache

・KOBE LETTUCE
（コウベレタス）
https://www.lettuce.co.jp

・ザ・スーツカンパニー
https://www.uktsc.com/women/

・シチズン エクシード
https://citizen.jp

・シチズン クロスシー
https://citizen.jp

・Zoff
（ゾフ）
https://www.zoff.co.jp/shop/default.aspx

・tsukisou
（ツキソウ）
https://www.moonbat.co.jp/

・NEISHA CROSLAND
（ニーシャ クロスランド）
https://www.moonbat.co.jp/

・NEWYORKER
（ニューヨーカー）
https://www.ny-onlinestore.com/shop/
pages/newyorker-.aspx

・VATSURICA
（バツリカ）
https://www.vatsurica.net

・卑弥呼
（ヒミコ）
https://himiko.jp

・Faviora faux fur
（ファビオラ フォー ファー）
https://www.moonbat.co.jp/

・FABIO RUSCONI PER
WASHINGTON
（ファビオ ルスコーニ ペル ワシントン）
https://www.washington-shoe.co.jp

・FURLA
（フルラ）
https://shop.moonbat.co.jp/brand/furla/

・marvelous by Pierrot
（マーベラス バイ ピエロ）
https://pierrotshop.jp

- Mydress
（マイドレス）
https://www.mydress-shop.jp

- MAMIAN
（マミアン）
https://www.mamian.co.jp

- Meach.
（ミーチ）
https://meach.official.ec

- MISTY
（ミスティ）
https://misty-collection.co.jp

- メガネの愛眼
（メガネノアイガン）
https://www.aigan.co.jp

- RANDA
（ランダ）
https://www.randa.jp

- Luna Luce Roca
（ルナ ルーチェ ロカ）
https://shop.moonbat.co.jp

- ROYAL PARTY LABEL
（ロイヤルパーティーレーベル）
https://royalpartylabel.com

＜ヘアスタイル画像協力＞

P101上　HAIRSTYLE PARK
（ヘアスタイルパーク）
https://hairstyle-park.com

P101下、P102上
AFLOAT（アフロート）
https://www.afloat.co.jp

P102下　hair + resort valentine
（ヘア リゾート バレンタイン）／OZmall
https://www.ozmall.co.jp/hairsalon/0599/

＜ネイル画像協力＞

P103上下　青山ネイル
https://aoyama-nail.com

P103中　EYE＆NAIL THE TOKYO
https://www.eyeandnailthetokyo.com

＜素材画像協力＞

P44　iStock

※上記にないブランドの商品は、著者私物・編集
　部私物です。
※掲載した商品は欠品・販売終了の場合もありま
　す。あらかじめご了承ください。

著者プロフィール

海保 麻里子
Mariko Kaiho

ビューティーカラーアナリスト ®
株式会社パーソナルビューティーカラー研究所 代表取締役

パーソナルカラー＆骨格診断を軸に、顧客のもつ魅力を最大限に引き出す「外見力アップ」の手法が評判に。24 年間で 2 万人以上の診断実績をもつ。自身が運営する、東京・南青山のイメージコンサルティングサロン「サロン・ド・ルミエール」は、日本全国をはじめ、海外からも多くの女性が訪れる人気サロンとなる。

本シリーズでは、その診断データをもとに、12 タイプ別に似合うアイテムのセレクト、およびコーディネートを考案。「服選びに悩む女性のお役に立ちたい」という思いから、日々活動を行う。

また、講師として、カラー＆ファッションセミナーを 1 万 5 千回以上実施。企業研修やラグジュアリーブランドにおけるカラー診断イベントも多数手がける。わかりやすく、顧客に寄り添ったきめ細やかなアドバイスが人気を博し、リピート率は実に 9 割を超える。

2013 年には、「ルミエール・アカデミー」を立ち上げ、スクール事業を開始。後進の育成にも力を注ぐ。

その他、商品・コンテンツ監修、TV やラジオ、人気女性誌などのメディア取材多数。芸能人のパーソナルカラー診断や骨格診断も数多く担当するなど、著名人からも信頼を集める。

著書に『今まで着ていた服がなんだか急に似合わなくなってきた』（サンマーク出版）がある。

サロン・ド・ルミエール HP
https://salon-de-lumiere.com/

クラブ S

くわしくはコチラ

新刊が 12 冊届く、公式ファンクラブです。

sanctuarybooks.jp/clubs/

サンクチュアリ出版 YouTube チャンネル

奇抜な人たちに、
文字には残せない本音
を語ってもらっています。

"サンクチュアリ出版
チャンネル" で検索

選書サービス

あなたのお好みに
合いそうな「他社の本」
を無料で紹介しています。

sanctuarybooks.jp
/rbook/

サンクチュアリ出版 公式 note

どんな思いで本を作り、
届けているか、
正直に打ち明けています。

note.com/
sanctuarybooks

人生を変える授業オンライン

各方面の
「今が旬のすごい人」
のセミナーを自宅で
いつでも視聴できます。

sanctuarybooks.jp
/event_doga_shop/

パーソナルカラー冬×骨格診断ウェーブ
似合わせBOOK

2024年3月6日 初版発行

著　者　　海保麻里子

　　　　　装丁デザイン／井上新八
　　　　　本文デザイン／相原真理子
　　　　　モデル／新関碧(スペースクラフト・エージェンシー)
　　　　　撮影(人物)／小松正樹
　　　　　撮影(物)／小松正樹、畠中彩、髙田みづほ
　　　　　ヘアメイク／yumi(Three PEACE)
　　　　　スタイリング(アイテム手配)／森田文菜
　　　　　スタイリング(アイテム置き画制作)／佐野初美、小沼進太郎、岡村彩
　　　　　編集協力／三橋温子(株式会社ヲラフ)
　　　　　制作協力(アシスタント業務)／Yuuka、NANA、吉田琴美(ルミエール・アカデミー)
　　　　　イラスト／ヤベミユキ
　　　　　DTP／エヴリ・シンク

　　　　　営業／市川聡(サンクチュアリ出版)
　　　　　広報／岩田梨恵子、南澤香織(サンクチュアリ出版)
　　　　　制作／成田夕子(サンクチュアリ出版)
　　　　　撮影補助／木下佐知子(サンクチュアリ出版)
　　　　　編集補助／鶴田宏樹(サンクチュアリ出版)
　　　　　編集／吉田麻衣子(サンクチュアリ出版)

発行者　　鶴巻謙介
発行・発売　サンクチュアリ出版
　　　　　〒113-0023 東京都文京区向丘2-14-9
　　　　　TEL:03-5834-2507　FAX:03-5834-2508
　　　　　https://www.sanctuarybooks.jp
　　　　　info@sanctuarybooks.jp

印刷・製本　株式会社シナノ パブリッシング プレス

診断用カラーシート

| 冬 Winter | ブラック | 凛として小顔になる ➡ **似合う**
影が目立ち暗い ➡ **似合わない** |